KLM - VLIEGEN OF FLADDEREN?

Strategisch alliantiebeleid van een luchtvaartmaatschappij

Prof. dr. Pieter Klaas Jagersma

KLM - VLIEGEN OF FLADDEREN?

Strategisch alliantiebeleid van een luchtvaartmaatschappij

Prof. dr. Pieter Klaas Jagersma

© 2016 Inspiration Press Brussels / Revised 2001 edition
ISBN 90-361-0032-1 NUGI 681

Aan mijn studenten

INHOUDSOPGAVE

Voorwoord 9

1. Een strategische koevoet in het Wilde Westen 17

Het Wilde Westen
Actie = reactie .....
Koploper of achterblijver?
Who's who?
Strijd om de macht
'Hoogvlieger' KLM
Politiek staartje
Turbulentie in de lucht .....
We're all in this together .....
Ondergang van een icoon
De deelnemingen-strategie: 'good, bad or ugly'?
North*worst*, Northwest ..... North*best*?
Financiële bodybuilding
Van lijdend voorwerp naar leidend voorbeeld
Scheuren in het fundament
Verliefd, verloofd ..... gescheiden?
Het samenlevingscontract
Schiphol
Nieuwe uitdagingen
Noten

2. Laagvliegen met British Airways 69

Operatie 'Sahara'
Het Shell-model
Waardering
Northwest Airlines: struikelblok pur sang
Een 'non-item'
Daar gaan we weer
Dijkdoorbraak
Track record
Klaar voor de start
We zijn er bijna .....
..... maar nog niet helemaal
D-Day

Weer terug bij af
Brokkenpiloot?
Noten

3. Kasteel of luchtkasteel? 99

Complementariteit
Zestien werkgroepen
Kosten, kosten, kosten
'Management Company'
Voetangels en klemmen
Financiële conditie
Zwarte pieten
Kater
'Stand-alone'-scenario
Noten

4. Een slecht lopende Maserati 123

Zwaan kleef aan?
Memorandum of Understanding
Eerste barsten
Mooie woorden
Weinig daden
Nederlands water bij de Italiaanse wijn?
Noten

5. Nawoord 145

Geleerde lessen
Bananenschil
Noten

De auteur 157

VOORWOORD

Luchtvaart spreekt tot ieders verbeelding en bijna iedereen heeft er weleens mee te maken (gehad). Kinderen - met name 'heren' - spelen al op jonge leeftijd met speelgoedvliegtuigjes en de welbekende F-16 bouwpakketten. Ook op latere leeftijd blijven vliegtuigen op ons netvlies staan. Volwassenen werpen nog altijd 'even' een blik over de schouders om de indrukwekkend vormgegeven hoog en snel voorbijrazende 'vliegende kist' te aanschouwen. Vakantiegangers gaan liever snel dan langzaam naar de zon dan wel de skipiste en dan kom je al gauw bij de fameuze 'zilveren pijl' uit. Zakenlieden laten zich bij voorkeur zo comfortabel mogelijk vervoeren en de 'luchttaxi' hoort daar nu eenmaal bij, met name voor de wat langere afstanden. Business Class en First Class, wie wil daarin niet vertroeteld worden?

Ook de gemiddelde dictator annex alleenheerser van een 'gemiddeld' Afrikaans land heeft opvallend snel na zijn aantreden de weg naar Boeing en Airbus Industrie gevonden. Alleenheersers en despoten hebben nu eenmaal een *love affair* met het rijtje Vlag, Vaderland en Vliegtuigen. Een natie zonder een nationale luchtvaartmaatschappij, een *flag carrier,* is als stokbrood zonder rode wijn. Vliegtuigen zijn en blijven symbolen van macht en welzijn en wie is daar niet van gediend.

Ook in het hoogontwikkelde en postindustriële Westen en Verre Oosten hechten we veel waarde aan *flag carriers*. Dergelijke luchtvaartmaatschappijen fungeren nog steeds als nationalistisch uithangbord. 'Ik heb een luchtvaartmaatschappij, dus ik besta,' lijkt weleens artikel 1 van de grondwet van een nationale staat te zijn. Als er een bedrijfstak is waar de in het huidige tijdsgewricht geroemde rationele 'vraag-en-aanbod'-wetmatigheden absoluut geen opgeld doen, dan is het wel de luchtvaartsector - de schijnbare optelsom van vraag (luchtvaartmaatschappijen) en aanbod (vliegtuigfabrikanten). Luchtvaart speelt zich 'in de lucht' af en is daarmee op de een of andere manier ongevoelig voor aardse zaken als rationaliteit en vraag- en aanbodcurves. Als eerstejaars student economie dan wel bedrijfskunde kun je weinig met de 'case' luchtvaart, want alle klassieke wetmatigheden zijn er *niet* op van toepassing. Ik kan me uit mijn eigen studententijd niet één luchtvaartcase herinneren. Blijkbaar hadden ook mijn docenten moeite met het onderwerp luchtvaart. Ex post doodzonde, want de in strategie- en econometristenland populaire *game theory* zou tot prachtige situaties in de collegezaal hebben geleid.

Luchtvaart zet aan tot denken, omdat het in eerste instantie een emotionele en politieke bedrijfstak is en pas in tweede instantie een economische. Luchtvaart is een explosieve cocktail van nationalistische, economische, emotionele en politieke belangen. Dat maakt de luchtvaart tot een zeer complexe bedrijfstak om te besturen. 'Voor de hand liggende zaken' bestaan niet in de luchtvaart. De uitspraak, 'dat spreekt voor zich', zult U dan ook niet in dit boek aantreffen. In de luchtvaart spreekt niets voor zich. Wat recht lijkt is zo krom als een banaan en wat krom lijkt blijkt in tweede instantie kaarsrecht te zijn. Analyses en conclusies liggen zelden in elkaars verlengde, hoe 'voor de hand liggend' soms ook. Conclusies hebben een merkwaardige houdbaarheidsdatum: 'gisteren'. Dat betekent dat je als onderzoeker terdege op je hoede moet zijn. Niets is wat het lijkt te zijn - fata morgana's zijn aan de orde van de dag. Als 'spotter' van een imposant toneelstuk wordt je voortdurend op het verkeerde been gezet. Hoofdrolspelers blijken allerlei bijrollen te hebben, het decor is misleidend, hogere machten en 'toevallige gebeurtenissen' zijn ervoor verantwoordelijk dat je voortdurend de draad kwijt bent en de voorstelling duurt vrijwel zonder uitzondering te lang en is daarmee uitermate vermoeiend. Maar, uitermate boeiend. *Never a dull moment.*

Vanuit economisch-bedrijfskundig perspectief gezien is een luchtvaartmaatschappij een interessant fenomeen. Een luchtvaartmaatschappij (niet alleen een *flag carrier*) is vaak een belangrijk onderdeel van een economische huishouding. En niet zonder reden. Rondom een luchtvaartmaatschappij zijn vaak omvangrijke lokale, regionale en soms zelfs nationale economieën gedrapeerd. Zonder bijvoorbeeld een fatsoenlijke luchthaven stelt een beetje luchtvaartmaatschappij niets voor. Ook een goed daarop afgestemd wegennet is van groot belang. Luchthavens zijn immers doorvoerhavens - *gateways* - voor passagiers en vracht en het aan- en afvoeren daarvan gebeurt nu eenmaal via luchtwegen en wegen van asfalt. De directe werkgelegenheid op de grond is in de vorm van afhandeling en serviceverlening bovendien omvangrijk, met alle zoals economen zo mooi noemen *external economies* van dien.

Luchtvaartmaatschappijen vormen zowel een mondiale springplank voor talrijke ondernemers en managers als een mobiele thuishaven voor tal van buitenlandse ondernemingen en binnenlandse dienstverleners. Dat maakt een luchtvaartmaatschappij ook vanuit een economisch perspectief tot een interessant studieobject. Een luchtvaartmaatschappij fungeert in de praktijk als een economische, politieke en emotionele *multiplier* pur sang. Daar valt weinig op af te dingen.

De fascinatie voor vliegtuigen en alles wat daar mee te maken heeft, laat ook mij niet onberoerd. In het begin van de jaren negentig kreeg ik de smaak te pakken. Ik was bezig met een proefschrift over het internationaliseren van enkele grote Nederlandse dienstverleners waaronder ABN AMRO, Fortis, Reed-Elsevier, VNU en Wolters-Kluwer. Mijn proefschrift had echter geen enkel verband met de neerwaartse duikvlucht die Fokker ondertussen maakte. Dat betreurde ik in die dagen ten zeerste. Als begin-twintiger was ik bijzonder onder de indruk van de aandacht van zowel pers als politiek voor dit nationale drama. Het 'luchtvaartvirus' maakte zich in die dagen meester van mij, vooral ook omdat je de ondergang van Fokker zelfs als leek aan zag komen, ondanks alle indrukwekkende reanimatiepogingen die vanaf het einde van de jaren tachtig werden toegepast. Fokker kon gewoonweg niet overleven in een bedrijfstak waarin de politieke *credit card* belangrijker is dan goed vakmanschap, een sterk verkoopapparaat, kostenbewust opereren en efficiënt en effectief product- en productontwikkelings-management. Minstens zo belangrijk was dat ik dankzij de Fokker-case andermaal werd bevestigd in mijn voor sommige leermeesters nogal recalcitrante opvattingen. Het wilde enkele jaren daarvoor nogal eens bliksemen in de collegezaal. Economie en bedrijfskunde zijn gedragswetenschappen, waarbij het accent moet liggen op gedragingen van individuele organisatiemedewerkers, met name individuele *decision makers*, en niet op sterk geaggregeerde vraag- en aanbodcurves. Individuen veranderen uiteindelijk de wereld, niet vraag- en aanbodcurves.

In 1993 finaliseerde ik naast mijn Ph.D het boek *De Fokker-DASA-deal. De verkwanseling van de nationale vliegtuigindustrie* (uitgeverij Veen, Amsterdam), een boek over - inderdaad - de - voorspelde - ondergang van Fokker. Toen ik vorig jaar in mijn nabije omgeving liet vallen dat ik weer met de luchtvaart 'in de weer was', zag men de (stort)bui wederom hangen. Inderdaad, die zien we de komende tijd niet meer terug. Wat dat betreft is het fijn dat de lucht na verloop van tijd weer opklaart. Verandering van spijs doet nu eenmaal eten, ook als je je langdurig laaft aan zoiets boeiends als luchtvaart. Over een plezierige vorm van verzadiging gesproken.

Terug naar de 'harde' feiten. Wat dat betreft mogen we ons als kikkerlandje in de handen knijpen. Als klein land slaan we in politiek en macro-economisch opzicht geen deuk in een pakje boter, maar ondertussen hebben we wel een vliegtuigfabrikant (hoewel grotendeels ontmanteld) en diverse luchtvaartmaatschappijen voortgebracht. We vliegen (bijna) waar ook ter wereld naartoe en doen dat op een efficiënte en kwalitatief hoogwaardige manier. Het Nederlandse luchtvaartvakmanschap staat internationaal hoog aangeschreven en daar mogen we met recht trots op zijn. Fokker maakte wellicht niet de goedkoopste vliegtuigen, de technische kwaliteit werd echter door iedereen, inclusief de concurrentie, geroemd.

Van alle Nederlandse luchtvaartmaatschappijen spreekt de Koninklijke Nederlandse Luchtvaartmaatschappij vanzelfsprekend het meest tot ieders verbeelding. De KLM steekt qua 'Oranje-gevoel' zelfs Fokker naar de kroon. Dat heeft onder meer te maken met de grotere zichtbaarheid van de KLM-organisatie in de Nederlandse samenleving. Ook werken er bij de KLM aanmerkelijk meer medewerkers dan bij wijlen Fokker. De KLM accelereert mede om die reden nog sneller dan Fokker de perskolommen in. De zwaan uit Amstelveen is en blijft vooraleerst 'publiek' bezit.

De 'blauwe waas' van de KLM werkt niet alleen prettig hypnotiserend voor eigen medewerkers, *insiders* en *outsiders* - ik reken me tot de laatste groep - maar ook verstikkend. Voor een onderzoeker is het eerste verschijnsel te 'managen', maar het tweede een *pain in her/his ass*. De keerzijde van de 'blauwe waas' is dat je als onderzoeker voortdurend op je hoede moet zijn voor het grijze overgangsgebied ('moeras') tussen objectiviteit ('zo is het en niet anders') en subjectiviteit ('wat een prachtbedrijf'). Die 'grijze zone' bleek bij het schrijven van dit boek erg breed te zijn.

Ik heb tijdens het 'denken en doen' genoten van de reis, maar het landschap had bij tijd en wijle wel wat 'platter' mogen zijn. Er zaten iets teveel 'pieken' van de 'buitencategorie' tussen. Dat heeft er tijdens het research- en schrijfproces toe geleid, dat ik me tweemaal een uitgebreide pauze heb gegund. De mentale spieren moesten tweemaal goed 'in het vet worden gezet'. Daarna was het weer 'trappen' geblazen. Schrijven heeft natuurlijk niets met romantiek, maar alles met 'uren draaien' te maken. Afzien dus en de blik op oneindig (de 'bolletjestrui') gericht.

Er zijn mij tijdens mijn eigen 'Tour de KLM' verschillende zaken opgevallen. Er is bij mijn weten nooit een boek over de strategie van de KLM geschreven. De meeste boeken over de KLM hebben betrekking op een bijzondere dan wel plezierige gebeurtenis - vaak overigens een combinatie van beide (een jubileum bijvoorbeeld). Een normatief getint boek, ingebed in de nodige data, over het strategisch beleid van de KLM ben ik niet tegengekomen. Dat is opvallend en wel om de eerder aangegeven redenen. KLM is en blijft een economische krachtpatser van jewelste. De directe, nogal zichtbare economische toegevoegde waarde van de KLM haalt het bovendien lang niet bij de omvangrijke indirecte (op het eerste gezicht onzichtbare) toegevoegde waarde. Die is branche-overschrijdend - en niet zo'n beetje ook. En dan laten we het 'Oranje'-gevoel gemakshalve voor wat het is. De 'psychologische toegevoegde waarde' is nog nooit gekwantificeerd, maar moet zeer omvangrijk zijn (geweest). Dit alles (door de jaren heen) bij elkaar opgeteld, maakt dat KLM een van de fundamenten is van de moderne Nederlandse samenleving. Dat niemand bereid (een kwestie van 'willen') dan wel in staat (een kwestie van 'kunnen') is geweest 'in de pen te klimmen' om een boek over de strategie van de KLM te produceren, is voor mij tegen deze achtergrond tot op de dag van vandaag een compleet raadsel. In mijn geval was het dan ook vooral een kwestie van het heilige 'moeten'.

Dit boek gaat over het strategisch beleid van de KLM in het algemeen en het strategisch alliantiebeleid in het bijzonder. Het voor U liggende boek is mede om die reden na veel vijven en zessen tot stand gekomen. Ik ben mij van meet af aan bewust geweest van het feit, dat ik dit boek goed af moest palen. Ik zou anders zeker kopje onder gaan in een woelige en diepe datazee, want over de KLM zijn door de jaren heen ettelijke honderden kilo's sterk uiteenlopende boeken, documenten, artikelen, columns en analyses gepubliceerd.

Er is werkelijk onvoorstelbaar veel materiaal over de KLM verschenen - zowel in binnenlandse als buitenlandse wetenschappelijke, professionele en publiekstijdschriften en kranten. Mijn archief omvat inmiddels ruim 25.000 documenten en artikelen over de KLM die alleen al in de afgelopen 35 jaar zijn verschenen (...). En mijn *database* groeit nog steeds. Dat lijkt op 'manna dat vanuit de hemel op mij neerdaalt,' maar ik kan U verzekeren dat is het zeer zeker niet. 'Te' is nooit prettig, ook niet voor gedreven onderzoekers. Er zijn grenzen aan mijn geestdrift (ook aan die van mijn partner overigens).

Daarmee was de boodschap (in drievoud) duidelijk: *focus, focus* en nog eens *focus*. Zonder een strikte afbakening zou ik gedurende het onderzoek verpletterd worden onder het gewicht van mijn eigen *part-time* 'afgod'. Ook zou mijn onderzoek zonder *focus* weinig zoden aan de dijk zetten. Het zou niet complementair zijn. Over de KLM is in de 'breedte' al veel geschreven. Ik was meer geïnteresseerd in de 'diepte'. Aan een omgevallen boekenkast had ik bovendien geen behoefte, laat staan de lezer. Verder ging het mij om het doorgeven van enkele 'boodschappen'. Boodschappen vertroebelen doorgaans met het dikker worden van een boek. Schrijven is schrappen, maar er moest voor dit boek bij tijd en wijle heel wat geschrapt worden. De keuze voor een duidelijke *focus* heeft dit 'schrapproces' enigszins vereenvoudigd.

Tijdens het schrijven van dit boek is het me opgevallen dat vrijwel alle media over de KLM berichten. Wetenschappelijke, professionele en publieksmedia gaan met het onderwerp KLM aan de haal. Het is dikwijls onbegrijpelijk, maar vrijwel iedereen heeft een al dan niet genuanceerde mening over de KLM. De professionele toewijding van de vele internationale en nationale kranten is opmerkelijk. Veel kranten hebben *full-time* luchtvaartredacteuren op de loonlijst staan. Sommige journalisten hebben door de jaren heen hele encyclopedieën volgeschreven over de KLM. Bij het schrijven van dit boek heb ik vaak op de schouders van deze 'reuzen' gestaan. Het uitzicht was vooral dankzij deze zwaargewichten adembenemend. Over 'blauwe waas' gesproken en dan nog objectief en kritisch blijven ook. Als er één groep lezers is die weet waar ik gedurende het onderzoek en het schrijven zoal tegen aan ben gelopen, dan is het wel het bonte gezelschap luchtvaartredacteuren.

Van een geheel andere orde maar eveneens in het oog springend is de stabiliteit in de top van de KLM. Er zal ongetwijfeld weleens met een 'deur worden geslagen', maar dit onttrekt zich voor het overgrote deel aan het gezichtsveld van de buitenwereld. Daarmee maakt vooral de absolute operationele leiding van de KLM - de raad van bestuur - een homogene indruk. Voor de raad van bestuur van de KLM, die door de jaren heen lange tijd uit drie leden heeft bestaan, had ik zo mijn eigen koosnaampje bedacht: de Drie Musketiers. Ondanks alle strijdgewoel: één voor allen, allen voor één. Het 'coalitiemodel' dat in de KLM-top wordt aangehangen en gecultiveerd staat daarmee diametraal op de manier waarop men aan de overkant van de 'grote plas' met elkaar omgaat. Ik ben er tijdens het onderzoek van overtuigd geraakt dat de samenstelling van de KLM-leiding in de Verenigde Staten van Amerika continu was gewijzigd.

De 'vluchtschema's' van de KLM-leiding wijken op bepaalde momenten nogal af van de ideale koers. Als objectieve *outsider* vraag je je niet ten onrechte af: wordt er nu gevlogen of is men aan het fladderen? Wordt de kist (KLM) louter in de lucht (branche) gehouden *for whatever good or bad reason* of is er een duidelijke koers (strategie) uitgestippeld met een daarbij horend vluchtschema (plan)?

De KLM-top heeft vaak een eigen koers gevaren. De vraag is alleen of het de juiste koers is geweest. Voor de muziek uitlopen vergt de nodige moed, maar de scheidslijn tussen moed en hoogmoed is lang niet altijd even duidelijk. Goed visionair en strategisch leiderschap is en blijft een optelsom van weten 'waar men naartoe wenst te gaan' (hetgeen betrekking heeft op de 'duidelijkheid' van strategische beslissingen) en 'hoe men daar wenst te komen' (hetgeen betrekking heeft op de 'juistheid' van de genomen strategische beslissingen). In dit boek probeer ik beide dimensies van visionair en strategisch leiderschap descriptief en normatief aan te vatten en tot een goed einde te brengen. Daarmee krijgt de lezer een 'zwart-wit' (feiten) en 'gekleurd' (meningen) beeld van zowel het 'waarom' als het 'hoe' van bepaalde strategische beslissingen. Omwille van de *focus* heb ik me in het bijzonder beperkt tot de laatste pak 'm beet vijftien jaar (1986-2001). Ik heb me vooral verdiept in vier (papieren) strategische allianties en dan met name het pré-alliantiemanagement (de fase vóór de alliantiedeal en het post-alliantiemanagement).

Ik heb verder met dit boek dankzij de *focus* op 'het strategisch alliantiebeleid van de KLM' handen en voeten kunnen geven aan de relatie tussen mijn beide professoraten - International Business aan Universiteit Nyenrode en Strategisch Management aan de Vrije Universiteit te Amsterdam. Luchtvaart is een *global business* pur sang en het al dan niet effectueren van strategische allianties staat hoog op de researchagenda van vele collega-strategen. Het resultaat van het mixen van een 'snufje' International Business met een 'scheut' Strategy is en blijft buitengewoon stimulerend. Allerlei andere wetenswaardigheden - hoe boeiend soms ook - heb ik omwille van de tijd, ruimte, *focus* en diepgang bewust niet meegenomen. Daarmee is het onderhavige boek een deelverhaal en geen totaalverhaal geworden.

Het leiden van 'onze' KLM is bij tijd en wijle een ondankbare taak. Leiden is dikwijls lijden. Iedereen heeft zo zijn eigen mening over de KLM en die meningen hebben de neiging nogal uiteen te lopen. 'De beste gezagvoerders (stuurlui) zitten (staan) in de business lounge (aan wal)'. Dat geldt ook voor schrijver dezes. Ik ben niettemin druk in de weer me tot een 'echte gezagvoerder' te ontwikkelen - ik hoop binnenkort mijn vliegbrevet te halen. Ik wens U voor dit moment een plezierige vlucht 'met enige turbulentie' toe.

Prof. dr. P.K. Jagersma, Heusden-Vesting
Zomer 2001, herziene editie winter 2015

1. EEN STRATEGISCHE KOEVOET IN HET WILDE WESTEN

1989 was een belangrijk jaar voor Jan de Soet, president-directeur van de Koninklijke Nederlandse Luchtvaartmaatschappij NV. Marketingman De Soet was enkele jaren daarvoor de legendarische voorman Sergio Orlandini opgevolgd [1]. Dat De Soet gezien zijn leeftijd (62) als tussenpaus werd gezien, deed niets af aan zijn streven Neerlands trots in de mondiale vaart der allianties op te stuwen. Als KLM-veteraan (sinds 1961) was hij klaar voor 'het grote strategische werk'. En dat was nodig ook, want aan het einde van de jaren tachtig was het nogal rumoerig aan het internationale luchtvaartfront.

Waar Orlandini, gesteund door interne experts als dr. Henri Wassenbergh, vooral internationale politieke en strategische belangen voor zijn rekening nam, daar maakte De Soet vooral naam met uiteenlopende interne kwaliteitsprojecten. Het werk van De Soet had tot gevolg dat de reputatie van de KLM als kwaliteitscarrier werd gevestigd en bevestigd. Kwaliteit liep tot groot genoegen van zowel passagiers als medewerkers als een 'blauwe' draad door de onderneming. Vakbladen als *Business Traveller* bejubelden de positieve effecten van de door De Soet aangezwengelde kwaliteitsprojecten. De reputatie van de KLM werd tot vervelens toe als 'hoogstaand' gekwalificeerd.

De Soet werd op een voor hem persoonlijk gunstig moment president. KLM had namelijk in het daaraan voorafgaande boekjaar met dank aan een halvering van de brandstofkostenpost een nettowinst van ruim driehonderd miljoen gulden verdiend. Dat was een comfortabele steun in de rug. De Soet hoefde bovendien 'de klus' niet alleen te klaren. De Soet werd bij zijn aantreden gesecondeerd door de 46-jarige Pieter Bouw die wegens goede verdiensten promotie had gemaakt tot lid van de directie. Pieter Bouw was een solide manager die gestaag maar overtuigend KLM's hiërarchie had doorlopen. Het lag daarmee al min of meer voor de hand, dat vervoerseconoom Bouw te zijner tijd De Soet's stokje over zou nemen, omdat het andere directielid, Loek van Ameyden, eveneens een 'zestiger' was en daarmee net als De Soet tegen zijn pensioengerechtigde leeftijd zat 'aan te schuren'. De opvolging van

De Soet was daarmee bij zijn aantreden eveneens geregeld, hetgeen voor De Soet zonder meer prettig was. Hij had in ieder geval één zorg minder.

Het Wilde Westen

Het Amerikaanse luchtruim stond na de deregulering van de Amerikaanse luchtvaart in 1978 vanaf het begin van de jaren tachtig in vuur en vlam. De opvatting had aan het einde van de jaren zeventig postgevat dat het Amerikaanse luchtruim binnen afzienbare tijd door enkele grote luchtvaartmaatschappijen gedomineerd zou worden. Grote Amerikaanse *carriers* zouden vervolgens de mondiale luchtvaartindustrie gaan domineren. De nationale, Amerikaanse, consolidatiegolf fungeerde min of meer als 'opstapje' voor de hoofdrol in het mondiale luchtvaarttoneelstuk.

Bestaande en nieuwe luchtvaartmaatschappijen beconcurreerden elkaar sinds de deregulering op het scherpst van de snede. Naast 'anorganische', externe groei (fusies en overnames) manifesteerde de expansiedrift zich in omvangrijke vervangings- en uitbreidingsinvesteringen in de respectievelijke luchtvloten. *Corporate raiders* als Carl Icahn en Frank Lorenzo (van respectievelijk TWA en Texas Air) sierden de *cover* van menig Amerikaans managementblad. Het Amerikaanse luchtruim vertoonde opvallend veel gelijkenissen met het 19e eeuwse 'Wilde Westen'. De geschiedenis leek zich te herhalen, met dien verstande dat de grenzen 'in de lucht' in plaats van 'op het land' werden verlegd.

Vrijwel alle Amerikaanse luchtvaartmaatschappijen werden meegezogen in dit snel om zich heen grijpende consolidatieproces - ook relatief conservatief geleide maatschappijen als Delta Airlines en Northwest Airlines (NWA) [2]. Beide maatschappijen hadden het gevoel aan te moeten haken bij de schijnbaar onvermijdelijke ontwikkelingen. Veel conservatief geleide Amerikaanse luchtvaartmaatschappijen trokken nogal wat vreemd vermogen aan om hun plannen te kunnen verwezenlijken. De verhouding eigen en vreemd vermogen kwam daarmee fors onder druk te staan.

Het door het turbulentievirus geteisterde Amerikaanse luchtruim begon in de tweede helft van de jaren tachtig in sneltreinvaart om zich heen te grijpen. Ook Europese luchtvaartmaatschappijen als de KLM kregen te maken met het fellere 'spel van zet en tegenzet'. Alle maatschappijen, groot en klein, moesten als gevolg van het snel veranderende internationale concurrentieklimaat, op zoek gaan naar een passend antwoord. Voor de KLM stond de volgende vraag centraal: kan de KLM op eigen wieken blijven drijven of zal de KLM op moeten gaan in een al dan niet vergaand samenwerkingsverband met één dan wel meerdere grote internationale soortgenoten?

De mislukte acquisitie van de Hilton International-keten, enkele jaren daarvoor, was al een duidelijk signaal voor de aandeelhouders en andere *stakeholders* dat de directie van de KLM druk met haar *corporate strategy* in de weer was geweest. De KLM-leiding moest echter nog steeds het antwoord op de hierboven gestelde vraag schuldig blijven.

Aan financiële middelen geen gebrek, want men zat in die dagen goed bij kas. De financiële *whizzkids* uit Amstelveen waren op een succesvolle manier voortdurend druk doende om middelen uit de internationale financiële markten te trekken. Men liet zich echter in dit stadium niet verleiden tot het doen van allerlei 'aanstootgevende' uitspraken op het terrein van het overnemen van dan wel alliëren met welke luchtvaartmaatschappij dan ook. Dat er iets moest gebeuren was voor de leiding van de KLM een *fait accompli*.

Actie = reactie .....

De beleggingsstudie 'Internationale luchtvaart' van de Amro bank uit 1989 vatte de ontwikkelingen in de internationale luchtvaart als volgt samen:

- De groei in de wereldluchtvaart was de afgelopen twee decennia ongeveer tweemaal zo hoog geweest als de groei van het Bruto Nationaal Product (BNP) van alle OESO-landen tezamen. Luchtvaartautoriteiten als de IATA - de vereniging van commerciële luchtvaartmaatschappijen - voorspelden een blijvend sterke groei van het luchtverkeer van gemiddeld ongeveer 6 procent per jaar. Deze groei zou hoger liggen dan de geprognotiseerde capaciteitsgroei (ongeveer 5 procent per jaar). Hierdoor zouden de beladingsgraadcijfers van de vliegtuigen kunnen verbeteren. Valutaire invloeden en ontwikkelingen met betrekking tot de prijs van kerosine zouden volgens de Amro bank roet in het eten kunnen gooien.

- In de Verenigde Staten waren na de deregulering in 1978 enkele mega-luchtvaartmaatschappijen ontstaan die (in 1989) ongeveer 90 procent van het binnenlandse passagiersvervoer voor hun rekening namen. Door de felle strijd om binnenlands marktaandeel en hoge reorganisatiekosten stonden de resultaten van de Amerikaanse maatschappijen lange tijd onder druk. De Amerikaanse *carriers* hadden niettemin veel aandacht geschonken aan de kwaliteit van hun dienstverlening (van oudsher niet indrukwekkend), internationalisering van hun activiteiten en rentabiliteitsherstel. De integratie van de overgenomen collegae zou voorts tot aanmerkelijk lagere bedrijfskosten leiden. De Amerikaanse luchtvaarttarieven begonnen zich op dat moment langzaam maar zeker te herstellen.

• Luchtvaartmaatschappijen uit het Verre Oosten opereerden met lage loonkosten en een jonge vloot en hadden daardoor een sterke concurrentiepositie ten opzichte van Amerikaanse en Europese *carriers*. De sterke groei van de Aziatische luchtvaartmarkt zou, mede onder invloed van de gunstige economische perspectieven en het fors toenemende toerisme, aanhouden. Volgens een prognose van de *International Civil Aviation Organization* (CAO) zou het smaldeel Aziatische luchtvaartmaatschappijen rond het jaar 2000 ongeveer 25 procent van het totale aantal passagierskilometers voor haar rekening nemen en de Europese maatschappijen van de tweede plaats in de mondiale luchtvaartmarktranking hebben verdrongen.

• De concurrentie tussen Europese luchtvaartmaatschappijen zou als gevolg van de voortgaande liberalisering van het Europese luchtruim aanzienlijk toenemen. Daarnaast zou de 'gemiddelde' Europese luchtvaartmaatschappij geconfronteerd worden met een toenemende concurrentiedruk uit de Verenigde Staten en Azië. Volgens de Amro bank zouden de resultaten van de Europese maatschappijen zich niettemin positief kunnen ontwikkelen. Een betere *performance* dan de Amerikaanse en Aziatische luchtvaartmaatschappijen zat er volgens de rechtsvoorganger van ABN AMRO echter niet in. De bank was van mening dat vooral Europese luchtvaartmaatschappijen de wind van voren zouden krijgen. Amerikaanse maatschappijen waren gewend aan het krijgen van 'klappen'. Europese *carriers* daarentegen liepen nog steeds aan de leiband van nationale overheden. Amro bank twijfelde openlijk aan het incasseringsvermogen van de Europese *carriers*.

De studie van de Amro bank onderbouwde en illustreerde dat de internationale luchtvaart aan de vooravond stond van een felle mondiale concurrentiestrijd. De Amro bank wierp met haar studie eigenlijk de knuppel in het hoenderhok. Waren Europese *carriers* in het algemeen en KLM in het bijzonder op termijn wel in staat het hoofd boven water te houden? Het management van Amerikaanse, Europese en Aziatische luchtvaartmaatschappijen was in dit opzicht opvallend eensgezind. Europese luchtvaartmaatschappijen zouden op korte termijn enige actie moeten ondernemen. De KLM-leiding was klaarwakker.

Twee Europese maatschappijen waren de spreekwoordelijke uitzondering op bovengenoemde ontwikkelingen: Scandinavian Airlines Systems (SAS) en British Airways. De *flag carrier* van Denemarken, Zweden en Noorwegen werd geleid door de energieke Zweed Jan Carlzon. Hij stond vanaf 1980 aan het roer van SAS en had een scherp oog voor visie, strategie en marketing. Carlzon is in de luchtvaart bekend geworden vanwege het door hem gepopulariseerde *global service system*. Hij was ervan overtuigd dat je een passagier eigenlijk vanaf de voordeur van de eigen woning tot het hotelbed in binnen- dan wel buitenland moest begeleiden. Carlzon was een groot voorstander van vergaande integratie in dienstverlening. Een via de lucht reizende klant moest op zijn wenken worden bediend. SAS acquireerde respectievelijk participeerde om die reden in vele kwalitatief hoogwaardige hotels als de Inter-Continental Groep waarvan ook het in Nederland bekende Amstel hotel deel uitmaakt. Carlzon was ervan overtuigd dat de strijd in de lucht vooreerst op de grond zou worden beslecht. De kernactiviteit van SAS was dan ook 'dienstverlening in reizen' in plaats van louter 'dienstverlening in de lucht'. De SAS-klant moest prettig kunnen vliegen maar daarnaast op de plaats van bestemming ook lekker kunnen eten en slapen en eventueel een auto kunnen huren (daartoe had SAS een alliantie gesloten met autoverhuurder Herz).

SAS participeerde daarnaast in het Amerikaanse Continental Airlines - een van de grootste Amerikaanse luchtvaartmaatschappijen, het Britse 'Airlines of Britain' (de holdingmaatschappij van Michael Bishop waartoe onder meer British Midland behoorde), Thai International Airways (waardoor men toegang had verkregen tot Nieuw-Zeeland, Australië en vanzelfsprekend het Verre Oosten) en het Japanse All Nippon Airways (op dat moment de achtste luchtvaartmaatschappij ter wereld). Carlzon had echter meer pijlen op zijn bestuurlijke boog. Hij had duidelijke opvattingen over de kernvaardigheden en de kritische succesfactoren van een luchtvaartmaatschappij. De strategische en marketingfilosofie van Jan Carlzon werd in het midden van de jaren tachtig aan het papier toevertrouwd; *Moments of Truth* werd een ware internationale

21

bestseller en een richtinggevend document voor *airlines* hoe met klanten, elkaar en de toekomst om te gaan [3].

British Airways (BA in de volksmond) had een zware periode achter de rug. Als staatsmaatschappij presteerde British Airways ver onder de maat. De maatschappij stond bij menigeen bekend als *Bloody Awful*. In het voorjaar van 1987 werd British Airways onder leiding van het duo Lord King en Colin Marshall geprivatiseerd. Vanaf dat moment onderging de veelgeplaagde maatschappij een ingrijpende, geslaagde en daardoor veelbesproken metamorfose. Het aangaan van uiteenlopende operationele en strategische allianties en het verbeteren van de operationele prestaties stond centraal en werd daadwerkelijk bewerkstelligd. Het lelijke rupsje werd een prachtige vlinder.

In januari 1988 acquireerde British Airways landgenoot British Caledonian voor $480 miljoen en verruimde daarmee haar nationale en internationale marktaandeel. De financiële *performance* van British Airways schoot in de jaren daarna in raketvaart omhoog. British Airways was niet langer *Bloody Awful* maar *Bloody Awesome*. SAS en British Airways waren voor veel Europese luchtvaartmaatschappijen lichtende voorbeelden van hoe het eigenlijk zou moeten. SAS en British Airways legden beide de visionaire lat op een in die dagen voor de Europese concurrentie onbereikbaar hoog niveau. Veel Europese collega's volgden SAS en British Airways op gepaste afstand.

Koploper of achterblijver?

Waar vrijwel alle maatschappijen onder het motto 'groter en breder is beter' druk in de weer waren (papieren) allianties op te tuigen, daar verkocht de KLM haar koeriersdochter XP Systems. XP Systems werd voor ongeveer 175 miljoen gulden overgedaan aan TNT, een Amerikaanse specialist op het gebied van koeriersdiensten. Het expansiebeleid van de KLM verliep stroef. De overname van Flying Tigers mislukte. Federal Express - andermaal een Amerikaanse tegenhanger - had een voor de aandeelhouders aantrekkelijker bod. De KLM-leiding piste op een ongelukkige manier naast het potje, want men was al rond met de directie van Flying Tigers. Er moest dus iets gebeuren en wel snel. En zo geschiedde.

In april 1989 verklaarde De Soet in een interview met *NRC Handelsblad*, dat de KLM serieus op zoek was naar een sterke partner in de Verenigde Staten. Voor De Soet was de Nieuwe

22

Wereld om uiteenlopende redenen interessanter dan de Oude Wereld. In Europa had de KLM last van allerlei hinderlijke nationalistische sentimenten (waar men overigens zelf vrolijk aan meedeed). De Soet was om die reden geen voorstander van een vergaande vorm van samenwerking met een Europese collega. De suggestie van een eventueel samengaan met bijvoorbeeld het Belgische Sabena werd om die reden door De Soet naar het rijk der fabeltjes verwezen. De Vlaams-Waalse balans in Sabena zou door een samengaan met de KLM ernstig verstoord worden met alle dysfunctionele politieke gevolgen van dien. Innige samenwerking met Air France, Lufthansa dan wel een andere Europese gigant was om de welbekende 'hap-slik-weg'-reden niet plausibel. De Noordamerikaanse markt zou uitkomst moeten bieden [4].

De enorme binnenlandse Amerikaanse markt was voor de KLM aantrekkelijk. KLM was van oudsher sterk op de transatlantische route. Die transatlantische diensten zouden vanaf Amerikaanse bodem door een Amerikaanse partner 'gevoed' kunnen worden. Op die manier zou de KLM haar positie op het terrein van zowel het passagiers- als vrachtvervoer kunnen versterken. KLM was in eerste instantie vooral geïnteresseerd in samenwerking op deelgebieden: de marketing van het vliegproduct, verkoop op elkaars lijnen, het optimaliseren van de reis/vluchtschema's, onderhoud van vliegtuigen, et cetera. De voorkeur ging dan ook aanvankelijk uit naar een operationele samenwerking.

De KLM-leiding was aan het denken gezet door de kort daarvoor door Swissair en SAS gesloten overeenkomsten met respectievelijk Delta Airlines en Continental Airlines. Die allianties sorteerden al in een vroeg stadium effect, hetgeen de KLM-leiding niet was ontgaan. De KLM kon als een van de meest gerenommeerde Europese *carriers* niet te lang achterblijven. Men wilde in de groep 'koplopers' blijven en niet in de steeds grotere groep 'achterblijvers' terecht komen. De interesse van De Soet was dus zowel vanuit offensief als defensief opzicht te verklaren [5].

Ook het Verre Oosten had de aandacht van de KLM-leiding. De Soet stelde vast dat er reeds met Singapore Airlines werd samengewerkt, maar dat dit pas het begin was:

"De VS trekken nu de aandacht, omdat het nog altijd de grootste markt in de wereld is. Maar de luchtvaart in de Pacific neemt enorm toe. Daar zit de komende jaren de grote groei."
Bron: NRC Handelsblad, "KLM loopt spitsroeden bij zoeken naar fusiepartners", 19 april 1989.

Internationale samenwerking was voor de KLM geen vrijblijvende mogelijkheid maar een noodzakelijkheid:

"De KLM is relatief groot, maar is geen megacarrier als British Airways, Lufthansa en Air France en heeft de grote handicap van een zeer kleine thuismarkt. Tachtig procent van onze inkomsten moet buiten Nederland worden verdiend."
Bron: NRC Handelsblad, "KLM loopt spitsroeden bij zoeken naar fusiepartners", 19 april 1989.

Dat er op korte termijn iets stond te gebeuren, viel op te maken uit het laatste citaat van De Soet, waarin hij op een cryptische manier refereerde aan de op het eerste gezicht 'onmogelijkheid' van sommige dingen:

"We hebben ons bedrijf de afgelopen zeventig jaar in een turbulente en onoverzichtelijke wereld weten uit te bouwen. Plesman begon ook aan iets, waarvan iedereen zei dat het niet zou lukken."
Bron: NRC Handelsblad, "KLM loopt spitsroeden bij zoeken naar fusiepartners", 19 april 1989.

Een goed verstaander wist dat er iets speelde, waarschijnlijk een of andere vorm van samenwerking met een grote Amerikaanse *carrier*. Enkele maanden later was het al zover. KLM nam een belang van maar liefst 20 procent (waarde $400 miljoen) in Northwest Airlines, een van de grootste Amerikaanse luchtvaartmaatschappijen.

De eerste reacties op de spectaculaire actie van de KLM waren niet onverdeeld positief. Northwest Airlines (NWA) genoot in de Verenigde Staten bekendheid onder de naam 'Northworst' Airlines (...) De maatschappij muntte bepaald niet uit in haar dienstverlening. Dit koosnaampje kwam niet zomaar 'uit de lucht vallen'. NWA slaagde er op de een of andere manier voortdurend in om dingen te 'vergeten'. Koffers werden regelmatig achtergelaten op een van NWA's Amerikaanse 'hubs' (luchthavens). Op tijd vertrekken was voor NWA een 'vak apart'. Aan het einde van de jaren tachtig was het normaal dat slechts 10 tot 20 procent van de NWA-vliegtuigen op tijd vertrok. Zelfs het voedsel voor passagiers werd weleens vergeten. Ook reserveringen was men regelmatig 'kwijt'. Computers hadden voortdurend last van 'freeze' situaties en bleven daardoor uren 'hangen'.

Het gevolg van dit alles: een chaotische interne organisatie waarvan vooral de klant de dupe werd. NWA was lange tijd een ware *horror carrier*. Het bleef om diezelfde reden jaren achtereen slecht scoren op de jaarlijkse, invloedrijke 'Most Admired Companies' ranglijst van het veelgelezen managementtijdschrift *Fortune*.

Who's who?

Northwest Airlines werd in 1929 opgericht. Minneapolis was de thuishaven van de maatschappij. NWA beschikte over een vloot van 320 vliegtuigen waaronder 38 Boeings 747. De nettowinst bedroeg in 1988 $135 miljoen op een omzet van $5,6 miljard. NWA had een sterke positie op de Amerikaanse thuismarkt en het luchtverkeer tussen het Verre Oosten en de Verenigde Staten. Sinds 1979 voerde NWA diensten uit op 'het domein' van de KLM, de transatlantische route. Het vloog op Amsterdam, Kopenhagen, Frankfurt en Parijs. NWA vloog aan het einde van de jaren tachtig als een van de weinige Amerikaanse maatschappijen op Europa en het Verre Oosten.

Vanaf 1986 begint het met NWA bergafwaarts te gaan. NWA raakt nauw betrokken bij de door de deregulering aangezwengelde nationale consolidatiegolf. Het aantal luchtvaartmaatschappijen nam vanaf 1978 aanvankelijk zeer snel toe: van 36 tot 234. De veel te snelle groei culmineerde in een enorme concurrentie- en daarmee consolidatieslag. In de loop van de jaren tachtig werden vele financieel zwakke en in operationeel opzicht slecht geleide maatschappijen geslachtofferd. Vrijwel alle middelgrote en grote maatschappijen roerden de acquisitie- en fusietrom.

NWA deed in het midden van de jaren tachtig de grootste acquisitie van allemaal - die van Republic Airlines. Met de acquisitie was een bedrag van $884 miljoen gemoeid. Beide maatschappijen waren op dat moment nog financieel gezond. Vlak voor de acquisitie van Republic had NWA nog een blauwtje gelopen bij Delta Airlines in een poging de grootste *airline* van de Verenigde Staten en daarmee de wereld te worden. Volgens *BusinessWeek* was de deal afgesprongen op de prijsstelling per aandeel. NWA wilde $5 meer per aandeel toucheren dan Delta Airlines wilde bieden.

NWA werd min of meer gedwongen Republic over te nemen. Kort daarvoor had rivaal United Airlines (UAL) de Pacific-vliegdiensten van het noodlijdende (eveneens Amerikaanse) Pan Am overgenomen. NWA had er daardoor een sterke concurrent op een voor haar belangrijk en lucratief vlieggebied bijgekregen. NWA was marktleider op het gebied van de Pacific-diensten (vanuit de

Verenigde Staten). UAL was een sterke internationale concurrent voor NWA, omdat het een zeer dicht nationaal routenetwerk had. Men bediende vrijwel alle grote steden in de Verenigde Staten. De dichte binnenlandse routestructuur fungeerde als *feeder* voor de internationale en daarmee ook Pacific-vliegdiensten. NWA had een veel minder dicht binnenlands routenetwerk. De bal lag daarmee nadrukkelijk bij de leiding van NWA. De acquisitie van Republic viel tegen deze achtergrond goed te beargumenteren. De leiding van NWA heeft indertijd in uiteenlopende interviews aangegeven dat men eigenlijk niet wilde, maar wel moest. De *deal* was dankzij de tot dan toe gevoerde conservatieve financieringspolitiek vrij snel in kannen en kruiken. NWA en Republic hadden bovendien dezelfde thuishaven: Minneapolis. Over *economies of scale* en *economies of scope* gesproken.

Op ongeveer hetzelfde moment ging NWA haar eigen luchtvloot aanmerkelijk uitbreiden. Er zouden 30 nieuwe Boeings 757s worden gekocht ten behoeve van het bewerken van de binnenlandse routes. Voor deze uitbreiding moest NWA enkele honderden miljoenen dollars lenen. De combinatie van de acquisitie van Republic en het ambitieuze expansieprogramma bracht Standard & Poor's ertoe de kredietwaardigheid van NWA naar beneden toe bij te stellen. Men vond de luchtvaartmaatschappij beduidend minder kredietwaardig. De financiële wereld begon als gevolg daarvan de nodige vraagtekens bij NWA's beleid te zetten.

Met de overname van Republic nestelde NWA zich in de top-6 van Amerikaanse luchtvaartmaatschappijen. De top-5 bestond op dat moment uit United Airlines, American Airlines, Eastern Airlines, TWA en Delta Airlines. De overname van Republic verliep allesbehalve soepel. 'Dankzij' de overname van Republic belandde NWA van de regen (een vlucht voren) in de drup (een en al problemen). De integratie van de beide maatschappijen was één groot drama. De overname lag als een steen op de maag van de NWA-bestuurders. NWA's traditioneel sterke balans werd door de acquisitie van Republic naar de filistijnen geholpen.

Tot overmaat van ramp kreeg NWA in de zomer van 1987 met een vliegtuigcrash te maken. Op 16 augustus 1987 stortte een NWA-toestel neer in Detroit. 156 doden werden geborgen. NWA raakte serieus in de problemen. Het begon niet alleen haar financiële geloofwaardigheid te verliezen maar ook haar geloofwaardigheid als veilige luchtvaartmaatschappij - zo ongeveer het belangrijkste 'eigen vermogen' van een luchtvaartmaatschappij.

Op zich was de gehele gang van zaken opmerkelijk, temeer daar NWA op papier geen onaantrekkelijke maatschappij was. NWA was een grote speler op de Amerikaanse thuismarkt, domineerde op de Pacific-routes en had enkele interessante transatlantische routes in de aanbieding. Voorts beschikte NWA over drie sterke hubs, te weten Minneapolis, Detroit en Memphis. Het winst- en groeipotentieel was in theorie omvangrijk. De maatschappij slaagde er alleen niet in een en ander in concrete daden om te zetten. In het Amerika van de jaren tachtig kon een reactie van 'de markt' natuurlijk niet uitblijven. De koers van het aandeel NWA begon vanaf het begin van 1989 langzaam maar zeker op te lopen - een indicatie dat er 'iets' aan de hand was.

Strijd om de macht

Op 28 maart 1989 maakte de moederonderneming van Northwest Airlines, NWA Inc., bekend dat een niet bij naam genoemde investeerder met een aandeel van 4,9 procent van het aandelenkapitaal, geïnteresseerd was in een *leveraged buyout*. Het spel 'stuivertje wisselen van eigenaar' was begonnen. Voor *corporate raiders* en andere overnamespecialisten was NWA een aantrekkelijk doelwit:

- de koers van het aandeel was relatief laag (ongeveer $40 medio maart)
- de vliegtuigen waren grotendeels eigendom van de maatschappij (zij zouden via interessante *sales and lease back*-constructies verkocht en weer terug geleend kunnen worden)
- NWA was als één van de grotere maatschappijen uit de consolidatiegolf van de jaren tachtig tevoorschijn gekomen
- NWA had een sterke positie op de Amerikaanse en Pacific markt, en
- de onderneming beschikte over een solide thuisbasis met drie uitstekend geoutilleerde hubs.

NWA kwam uiteindelijk na een ingewikkelde strijd om de *corporate control* in handen van Al Checchi en Gary Wilson, twee gefortuneerde en behendige overnamespecialisten. Het duo Checchi (CHECK-EE) en Wilson kende elkaar al lang. Wilson had ooit als financieel consultant bij een firma gewerkt waar een oom van Checchi (Vince Checchi) de voorzittershamer hanteerde. In die tijd waren Al Checchi en Gary Wilson bevriend geraakt. Checchi en Wilson hadden aan 's lands beste universiteiten en *business schools* gestudeerd - Wilson aan Duke en Wharton en Checchi aan Amherst en Harvard. Wilson, de oudere van het stel, was daarna gaan werken bij een gediversificeerd Filipijns suiker- en cementconcern. Hij stapte in 1974 over naar hotel-gigant Marriott. Wilson schopte het uiteindelijk tot *treasurer* - Marriott's hoogste financiële man - en nam in de tussentijd Harvard Business School *rookie* Al Checchi aan. Checchi werd binnen Marriott verantwoordelijk voor *business development* en dan met name in de Verenigde Staten. Checchi en Wilson ontwikkelden samen verschillende succesvolle expansiestrategieën voor Marriott. Checchi werkte uiteindelijk zeven jaar voor Marriott, Wilson acht jaar.

Checchi en Wilson waren de eigenaren van het eerdergenoemde 4,9 procent belang. Het zou de *deal* van hun leven worden. Checchi werkte daarvoor nog als strateeg en *fundraiser* voor Bass (een investeringsmaatschappij) waar hij na zijn Marriott-tijd onderdak had gevonden. Wilson was op dat moment *Chief Financial Officer* (CFO) van Walt Disney waar hij in 1982 door Disney-voorzitter Michael Eisner naar toe was gelokt. Checchi en Wilson onderhielden nog steeds een warme persoonlijke maar ook zakelijke band met elkaar. Ze waren elkaar nooit uit het oog verloren. Dat kon ook moeilijk, want beide hadden een huis in het elitaire Beverly Hills - nota bene recht tegenover elkaar. Het bod op NWA Inc. was hun 'business reünie'. Disney had niets met de *deal* te maken. Wilson wel, want hij had een aandeel in de Checchi Group (genaamd Century City Investment), het aanvankelijke overnamevehikel (waarin naast Checchi en Wilson nog tien andere vermogende particulieren participeerden). Checchi had al eerder Bass verlaten en was van de twee de meer actieve investeerder. NWA Inc. was vooral voor de politiek actieve democraat Checchi *big-time dealmaking*.

Wilson was de 'minst kleurrijke' van de twee. Hij stond bekend als een *financial wizard*. Hij zorgde bijvoorbeeld voor de financiering van $2 miljard voor de bouw van het Disney-park in Europa. Die *deal* was tot dan toe zijn *finest hour*, want Disney liep dankzij de inspanningen van Wilson weinig risico en kon tegelijkertijd een zeer omvangrijk rendement tegemoet zien mocht een en ander op de rails staan. Wilson kende NWA Inc. als *insider*. Hij had in de periode 1987-1988 als *non-executive director* (lees: commissaris) in de *board of directors* van NWA gezeten en was goed op de hoogte van de gang van zaken binnen NWA.

De overnamestrijd was bepaald geen gelopen race. Checchi en Wilson wonnen uiteindelijk de overnamestrijd van collega-*selfmade*

28

financierder en olie-mogul Marvin Davis die NWA eveneens wilde overnemen. Davis wilde NWA voor $2,6 miljard inlijven. Ook het op dat moment al 'zinkende schip' Pan Am Corp., moedermaatschappij van Pan American World Airways, mengde zich prominent in de overnamestrijd. Voor Pan Am was een eventuele overname letterlijk en figuurlijk een vlucht naar voren. Het water stond de maatschappij namelijk al enige tijd aan de lippen.

An sich was een potentiële *deal* met Pan Am niet oninteressant voor NWA Inc. Pan Am was een 'collega', men sprak dus dezelfde taal. Ook zou de top van NWA Inc. zich op deze manier in een klap van Marvin Davis en het duo Checchi/Wilson kunnen ontdoen. Het mes sneed voor NWA Inc. aan twee kanten. NWA zou dankzij Pan Am van een vijandige overname door een externe partij zonder affiniteit met de luchtvaart worden verlost en tegelijkertijd een complementair netwerk rijker kunnen worden. Pan Am was in tegenstelling tot NWA sterk op de transatlantische routes, terwijl NWA sterk was op de Pacific-routes. Een droomhuwelijk leek in het verschiet te liggen. Een samengaan van NWA en Pan Am zou tot een echte Amerikaanse *global carrier* hebben geleid. Het bod van Pan Am Corp. bedroeg $3,3 miljard, aanmerkelijk hoger dan het bod van *raider* Davis.

Op papier leek de fusie hemels. De ronduit slechte financiële positie van Pan Am Corp. was echter uiteindelijk doorslaggevend. De kwakkelende onderneming stond al met één been in het graf. NWA-managers, medewerkers en vakbonden waren nogal ongerust over de eventuele gevolgen voor de NWA-medewerkers. Daar zou immers uiteindelijk het geld vandaan moeten komen om het zieltogende Pan Am op de been te houden [6].

Checchi en Wilson wonnen de strijd op punten, vooral omdat ze in financieel opzicht meer te bieden hadden en bovendien een aanmerkelijk betere reputatie hadden dan Marvin Davis die nou niet bepaald als een *sophisticated dealmaker* bekend stond. Pan Am had geen geld om in NWA te investeren en stond daardoor eigenlijk van meet af aan buitenspel.

'Hoogvlieger' KLM

De KLM-leiding was gecharmeerd van NWA. NWA was op dat moment winstgevend en was sterk op de Amerikaanse markt (men vloog op 135 Amerikaanse bestemmingen) en de Pacific markt (Tokio was een belangrijke draaischijf van het NWA-concern). NWA sloot qua activiteitenpakket (zowel passagiers- als vrachtvervoer) goed aan bij de KLM, vloog reeds (via Boston) op Schiphol (KLM vloog niet op Boston) en stond open voor samenwerking met een sterke Europese partner. Vooral het benutten van de welbekende *feeder*-functie speelde een belangrijke rol. NWA zou de op Amerika vliegende passagiers van KLM naar hun uiteindelijke bestemming kunnen brengen, terwijl de KLM de NWA-passagiers in Europa zou kunnen transporteren. Een cijfermatige vergelijking leverde het volgende beeld op:

Omzet 1988: $5,65 mld [NWA] en f 5,5 mld [KLM]
Nettowinst: $135,1 mln [NWA] en f 314 mln [KLM]
Personeel eind 1988: 36.274 [NWA] en 22.257 [KLM]
Beurswaarde: $3,3 mld [NWA] en f 2,6 mld [KLM]
Vloot eind 1988: 312 [NWA] en 60 [KLM]
NB. *De koers van de dollar bedroeg op 1-6-1989 ongeveer f 2,25*

Op 2 juni 1989 werd in de pers bekend gemaakt dat KLM participeerde in de investeringsgroep van Checchi teneinde een gooi te doen naar een aandeel in NWA. Waar Swissair en SAS vooralsnog samenwerkingsovereenkomsten hadden gesloten met respectievelijk Delta Airlines en Continental Airlines, daar was de KLM louter geïnteresseerd in een deelneming in het aandelenkapitaal van NWA. De KLM-leiding streefde zelfs naar een significant aandelenbelang in NWA. KLM mocht als buitenlandse maatschappij geen groter aandeel dan 25 procent in NWA verwerven. Omdat ook de Australische bierbrouwer Elders participeerde, moesten beide partijen dit aandeel onderling verdelen. De exacte deelneming van de KLM werd niet aan de buitenwereld kenbaar gemaakt:

"We hebben met Northwest afgesproken om geen details te verstrekken over het bod en de precieze bedoelingen daarmee. Het biedproces kan zich het beste in stilte voltrekken. Gegeven de concurrentie bij de inschrijving is de afloop onvoorspelbaar."
Bron: De Volkskrant, 2 juni 1989.

Op 5 juni 1989 maakte de directie van NWA bekend niet in te gaan op het financiële voorstel van respectievelijk de Checchi-groep (waartoe de KLM en Elders behoorden), Davis en Pan Am. De directie van NWA Inc. wilde zich gaarne over een nieuw bod van alle drie de partijen buigen. Alle partijen moesten - indien nog geïnteresseerd - voor 16 juni een nieuw bod indienen.

In de tweede week van juni ging de directie van NWA Inc. akkoord met het overnamebod van de Checchi-groep. Met het bod was een bedrag van $4,05 miljard gemoeid. NWA kostte ruim $3,6 miljard en $400 miljoen werd gebruikt om het werkkapitaal op te krikken en om schulden af te betalen. De NWA-directie had het bod van de Checchi-groep geaccepteerd, omdat het bod het hoogste was (121 dollar per aandeel), de financiering het meest solide was (de Checchi-groep zou NWA met de minste schuld belastten) en de overname met relatief weinig randvoorwaarden gepaard ging. De Amerikaanse overheid reageerde gematigd positief (waarover later meer). De piloten reageerden enigszins gelaten. Zij vonden de Checchi-groep het minst schadelijk van alle partijen.

Checchi en Wilson waren erin geslaagd in *no time* een groep om zich heen te formeren die borg stond voor maar liefst $4,05 miljard. De diversiteit van de groep was opvallend: privé-personen, een drankconcern, een luchtvaartmaatschappij, een bank en een beleggingsmaatschappij. KLM was voor 'aanvoerder' Checchi belangrijk, want de KLM had in tegenstelling tot 'Northworst' haar naam mee ('kwaliteit'), bracht ervaring in op het gebied van het gehele *business system* (vooral op het terrein van de dienstverlening) en leverde $300 miljoen aan risicokapitaal. Checchi kon de reputatie van de KLM goed gebruiken - niet alleen tijdens maar ook na de overnamebesprekingen. Het echte 'werk' was immers nog niet begonnen [7]. Minstens zo belangrijk: Checchi was een overnamespecialist, geen kenner van de luchtvaartmarkt.

De leden van de Checchi-groep opereerden onder de naam 'Wings Holding Incorporated' (WHI). WHI was een optelsom van een privé-investeringsmaatschappij (de investeringsmaatschappij van 'leider' Checchi), een investeringsmaatschappij uit San Francisco (Blum & Associates), een bank (Bankers Trust), een luchtvaartmaatschappij (KLM) en de financiële tak van het Australische Elders-concern (hotels, alcoholische dranken en levensmiddelen). KLM participeerde voor $400 miljoen (bijna 900 miljoen gulden) in de overname, waarvan $100 miljoen in gewone aandelen en $300 miljoen in langlopende financieringen. De Soet verklaarde de snelle actie van de KLM na jaren van relatieve stilte op het strategische samenwerkingsfront als volgt [8]:

"Wat je bij het zoeken naar samenwerkingsverbanden altijd in de gaten moet houden, is de kans dat de eerste mogelijkheid die zich voordoet, niet altijd de beste is. Dat het heel goed kan zijn dat een bepaalde samenwerking naderhand een andere mogelijkheid blokkeert. Daarom zijn we op deze koortsachtige markt nogal behoedzaam en terughoudend geweest."
Bron: De Volkskrant, "KLM speelt behoedzaam stratego", 15 juli 1989

Politiek staartje

En toen? De Soet zei in *Elsevier* en *De Volkskrant* het volgende over de *next steps* inzake de samenwerking:

"Hoe het er precies uit gaat zien, valt nog moeilijk te zeggen. Maar als je kijkt naar het lijnennetwerk, de vlootsamenstelling en de filosofie over vrachtvervoer, dan kun je slechts constateren dat samenwerking bijzonder interessant is."
Bron: Elsevier, "Luchtvaart is een keihard vak", 5 augustus 1989.

"Het partnership met NWA vraagt om een deelname. Participaties in de luchtvaart zijn op dit moment erg actueel. In de meeste gevallen wordt een token van economisch belang belangrijk geacht. Het geeft geen zeggenschap in de zin van: we hebben wat in de melk te brokkelen. Het geeft wel een stem en het is aan ons en onze partner om aan die stem inhoud te geven. Het is nu van belang om te kijken hoe we die samenwerking vorm kunnen geven, zodat we er beide voordeel van hebben. Bovendien kan een aandelenparticipatie de samenwerking een bestendig karakter geven. Maar dat is toekomst, dat moeten we maar afwachten."
Bron: De Volkskrant, "KLM speelt behoedzaam stratego", 15 juli 1989.

De bijzonderheden van het finale overnamebod werden vlak voordat de *deal* geëffectueerd werd afgegeven bij de Amerikaanse beurscommissie - de SEC. Daaruit bleek dat KLM 8,44 procent van de stemgerechtigde aandelen van NWA in handen zou krijgen. De partners van het eerste uur waren goed voor $700 miljoen. De KLM nam $400 miljoen voor haar rekening. Het betrof voor $300 miljoen speciale preferente aandelen, die na verloop van tijd weer in contant geld zouden worden omgewisseld. Op de preferente aandelen zou een dividend van 14 procent worden uitbetaald. De aandelen waren dus eigenlijk geen aandelen, maar obligaties. De KLM betaalde dus eigenlijk $100 miljoen voor haar belang in NWA. Dit bedrag zou in twee fasen worden overgemaakt: de eerste $50 miljoen in gewone stemhebbende aandelen waardoor KLM 4,9 procent van de stemrechten zou krijgen. De tweede $50 miljoen zou pas overgemaakt hoeven te worden, nadat de Amerikaanse autoriteiten hun goedkeuring hadden gegeven aan de overname. Het aandeel in de stemrechten van de KLM zou dan toenemen tot 8,44 procent. Het economisch belang van de KLM zou op hetzelfde moment tot 20 procent toenemen. De rest ($3,35 miljard) was afkomstig van banken. Het betrof hier bankleningen.

Resumerend: KLM's aandeel in de stemgerechtigde aandelen (het 'juridische belang') mocht dan wel relatief klein zijn (8,44 procent), het economisch belang was veel groter, namelijk 20 procent. De KLM mocht dus 20 procent van de dividendbetalingen van NWA incasseren. Die constructie viel echter niet goed in Washington.

De Amerikaanse politiek in het algemeen en het ministerie van Transport in het bijzonder, zetten van meet af aan vraagtekens bij de *deal*. Dat had niet in het minst te maken met de fenomenale opmars van buitenlandse investeerders in de VS. Amerika leek weleens in de uitverkoop te staan. Vooral Japanse ondernemingen kochten het ene na het andere (dikwijls bekende) Amerikaanse bedrijf [9]. Ook Britse en Nederlandse ondernemingen waren zeer actief op de Amerikaanse *market for corporate control* [10]. De activiteiten van de KLM werden met argusogen bekeken, temeer daar het om een zogenaamde 'strategische' bedrijfstak ging [11]. Buitenlandse controle over de luchtvaart - ook in de vorm van een significante minderheidsdeelneming - was voor de Amerikanen onaanvaardbaar.

Verschillende senatoren en leden van het Amerikaanse Huis van Afgevaardigden hadden zo hun bedenkingen bij de financiële soliditeit van de *deal* en de grote inbreng van twee buitenlandse ondernemingen, KLM en Elders. Dit zette de Amerikaanse minister van Transport, Samuel Skinner, aan het denken. KLM verkreeg voor $100 miljoen ruim 8 procent van NWA. De $300 miljoen zou in de vorm van een achtergestelde lening/preferente aandelen worden gegoten. Het ministerie van Transport gooide de beide geldbedragen echter op één hoop en kwam toen tot een geheel andere conclusie. KLM zou ver boven het maximaal toegestane belang van 25 procent uitkomen. De Amerikaanse wetgeving was in dat geval onverbiddelijk.

Het getouwtrek was begonnen. Daar kwam bij dat het ministerie van Transport ook niet gelukkig was met het feit dat KLM één lid in de *board of directors* van NWA kreeg (het ging om Pieter Bouw, de latere president-directeur). In de woorden van het Amerikaanse ministerie van Transport:

"De KLM-afgevaardigde in de board of directors [die in de Verenigde Staten het midden houdt tussen de Nederlandse raad van bestuur en raad van commissarissen, PKJ] van NWA mag niet deelnemen in, of informatie ontvangen over, enige zaak die een direct en voorspelbaar effect heeft op (1) het financiële belang van KLM, (2)

echte of mogelijke concurrentie met KLM in welke markt dan ook, of (3) bilaterale of multinationale luchtvaartonderhandelingen waarin KLM of de Nederlandse overheid deelneemt."
Bron: NRC Handelsblad, "KLM licht positie in VS toe", 11 oktober 1989.

Het ministerie was van mening dat een 'buitenlander' daarmee in uitzonderlijke situaties invloed kon uitoefenen op het Amerikaanse nationale veiligheidsbeleid. De KLM-leiding pareerde de kritiek door er voortdurend op te wijzen dat men niet een belegger was, maar dat men juist in operationeel opzicht in NWA was geïnteresseerd. Het ging de KLM om het interessante lijnennet van NWA en de op deze manier verkregen toegang tot de Verenigde Staten, 's werelds drukste luchtruim. Het ministerie van Transport kwam uiteindelijk na de nodige studie en interne discussies met enkele additionele eisen. Belangrijkste discussiepunt was de initiële bijdrage van de KLM ter grootte van $400 miljoen. Die bijdrage zou tot een aanvaardbaar niveau teruggebracht moeten worden.

Hoewel het ministerie van Transport hevig tegenspartelde, kon men overeenkomstig de wet louter en alleen een 'opinie over de geschiktheid van de Checchi-groep' afleveren. Het ministerie had relatief weinig middelen ter beschikking om de feitelijke *deal* te dwarsbomen, laat staan met terugwerkende kracht te verbieden. Als er al fundamentele bezwaren waren dan hadden die in een eerder stadium tot de nodige consequenties moeten leiden. De acquisitie door de Checchi-groep kon niet meer teruggedraaid worden.

De soep werd niet zo heet gegeten als ze werd opgediend. De hele affaire liep met een sisser af - zij het met de nodige vertraging. De KLM-leiding kon daarmee handen en voeten geven aan de invulling van de financiële participatie. NWA was immers geen 'belegging' maar een voet tussen de deur van een interessante luchtvaartmarkt. Voor topman De Soet was de *deal* met NWA pas het begin. Hij zag voor de KLM een interessante toekomst in het verschiet liggen:

"Het is een levendig stratego. Er doen zich mogelijkheden voor en opeens vallen die weer weg. We sluiten niets uit. We moeten alert zijn, steeds als ondernemer afwegingen maken. We hebben een wereldomvattend routenetwerk en overal - in Europa, de VS en het Verre Oosten - zit onze markt. Het is echt een wereldmarkt. Het hele denken in dit huis gaat steeds meer over de grenzen heen: Europees denken, intercontinentaal denken, globaal denken."
Bron: De Volkskrant, "KLM speelt behoedzaam stratego", 15 juli 1989.

In het interview met *Elsevier* verwoordde De Soet het als volgt:

"De KLM positioneert zich niet als een Nederlandse of zelfs Europese carrier. Ons werkterrein is immers de hele wereld. We hebben verbindingen met zes continenten en bedienen 77 landen. We zouden dat wereldwijde netwerk graag nog breder en intenser willen zien ..... De wereld is groot en rond. En wij zijn nog niet rond."
Bron: Elsevier, "Luchtvaart is een keihard vak", 5 augustus 1989.

Maar zover was het nog lang niet. De Aziatische ambities werden vooralsnog in de koelkast gezet, want de alliantie met NWA vergde veel meer energie en inzet dan verwacht.

De financiële details van de *deal*, toegespitst op de relatie KLM/NWA, zagen er volgens KLM's financiële topman, P.W.C. Alberda van Ekenstein, als volgt uit [12]:

* *Het economisch eigendom verschilde van het juridisch eigendom. De verdeling was als volgt (tussen haakjes [afgerond, PKJ] de stemrechten - het juridische belang): KLM 20 procent (8,4 procent); Checchi en partners 45 procent (59,3 procent); Elders 15 procent (14 procent); Bankers Trust 10 procent (4,7 procent); Richard Blum & Associates 10 procent (13,2 procent).*
* *De preferente aandelen met een tegenwaarde van $300 miljoen hebben een vast dividend van ongeveer 12 procent. Dit levert de KLM op de winst-en-verliesrekening jaarlijks 25 miljoen gulden meer op dan overheidsobligaties.*
Bron: NRC Handelsblad, "Details samenwerking KLM en NWA onthuld", 29 juli 1989.

De NWA-*Chief Executive Officer*, Steven Rothmeier, bleef *for the time being* aan het roer staan. Alfred Checchi en Gary Wilson werden de nieuwe co-bestuursvoorzitters van NWA.

Turbulentie in de lucht .....

Checchi en Wilson riepen bij menigeen nogal ambivalente gevoelens op. Zij werden aan de ene kant gezien als de 'redders' van NWA. Tegelijkertijd zadelde het duo de onderneming op met een torenhoge schuldenlast. Vooral het personeel 'op de vloer' moest bij tijd en wijle diep door de knieën. De financiële lusten gingen naar Checchi en Wilson die hun vermogen alsmaar zagen groeien, terwijl de financiële lasten vooral op de smalle schouders van de medewerkers op de werkvloer werden afgewenteld. Dat de NWA-leiding en het vliegend en grondpersoneel op gezette tijden lijnrecht tegenover elkaar kwam te staan, wekt dan ook geen verbazing. Van enige mate van wederzijdse solidariteit was geen sprake.

KLM kreeg ondertussen met zwaar weer van doen. De alsmaar toenemende kerosineprijs (de op een na belangrijkste kostenpost van een luchtvaartmaatschappij) begon de KLM in toenemende mate parten te spelen. Daarnaast begonnen de personeelslasten (met ongeveer eenderde van de totale kosten de belangrijkste kostenpost) als een loden last om de nek van de KLM-leiding te hangen. Aziatische luchtvaartmaatschappijen als Singapore Airlines en Cathay Pacific passeerden de KLM aan alle kanten. Singapore Airlines en Cathay Pacific hadden aanmerkelijk lagere personeelskosten en daardoor een flexibele kostenstructuur met alle competitieve mogelijkheden van dien. Voorts kreeg de KLM te maken met aanzienlijke uitgaven voor vernieuwing van de vloot. De toenemende kosten voor het gebruik van luchthavens, de dure begeleiding van de vliegtuigen op de luchthavens en de toenemende congestie in de luchtvaart die tot vertragingen leidde leverden eveneens een bijdrage aan de forse kostenstijgingen. De KLM-resultaten kwamen onder forse druk te staan.

KLM was er na een moeilijke start van de jaren tachtig in geslaagd om in het gebroken boekjaar 1984/1985 een winst te laten zien van ongeveer vijf procent van de omzet. Sindsdien was men vijf jaar achtereen met kleine stapjes vooruitgegaan. Aan die stijgende lijn was echter vrij abrupt een einde gekomen. In de zomer van 1990 werd in *Het Financieele Dagblad* bekend gemaakt, dat KLM McKinsey&Company had ingeschakeld voor het ontwikkelen van een kostenbesparingsprogramma, het 'standaardmedicijn' in de luchtvaart om een crisis te bezweren. Een projectgroep met vertegenwoordigers uit verschillende delen van de KLM ging zich buigen over het vraagstuk van de uit de hand gelopen kosten.

Een van de eerste acties van de KLM-leiding was het afstoten van 75 procent van de aandelen in de hotelketen Golden Tulip. De uitbreiding van de hotelketen zou significante investeringen vergen in onroerend goed. De KLM voelde hier weinig voor. Alle nog aanwezige investeringscapaciteit zou beter in de kernactiviteiten - luchtvaartactiviteiten - gestoken kunnen worden. Het afstoten van de meerderheid in Golden Tulip was een duidelijk signaal, hoewel de *impact* van de desinvestering gering was. Iedere gulden zou echter driemaal moeten worden omgedraaid alvorens te worden uitgegeven. De marges zouden lange tijd onder druk komen te staan, zo viel te beluisteren bij de presentatie van het jaarverslag over het boekjaar 1989/1990.

De omvangrijke investeringen van de KLM hadden tot een ingrijpende verandering van de financiële situatie geleid. De vermogensverhoudingen waren verslechterd. Er moest 2,2 miljard gulden aan vreemd vermogen worden aangetrokken om de totale investeringen van 3,3 miljard te financieren. Het garantievermogen als aandeel van het balanstotaal duikelde van 55 naar 50 procent. Dit percentage zou nog meer onder druk komen te staan omdat de KLM de jaren daarna alleen al 5 miljard gulden zou moeten betalen voor reeds bestelde vliegtuigen. Alberda van Ekenstein stelde tijdens de presentatie van het jaarverslag dan ook nadrukkelijk: 'Betere marges zijn volstrekt noodzakelijk om bij de huidige rentestand de enorme kapitaalslasten en expansieplannen te financieren.' De KLM was van plan in de daaropvolgende vijf jaar 10,7 miljard gulden te investeren, waarvan ruim zes miljard zou moeten komen uit de kasstroom (winst plus afschrijvingen) en 'diversen' (in het bijzonder de opbrengst van de verkoop van oude vliegtuigen).

De marge tussen de werkelijke beladingsgraad van de toestellen en de 'kritische' beladingsgraad, de bezetting die nodig is voor een sluitende exploitatie, zou omhoog moeten. Deze marge was bij de KLM in het boekjaar 1989/1990 tot 2,5 procent gedaald. In de jaren daarvoor was deze marge nog ruim vier procent. De KLM-leiding was van mening dat die marge eigenlijk tenminste vijf procent zou moeten zijn, hetgeen betekende dat de kosten structureel omlaag moesten. Dat was gemakkelijker gezegd dan gedaan, omdat men een significant deel van de kosten niet in de hand had. De brandstofkosten waren bijvoorbeeld in het boekjaar 1989/1990 met 22 procent gestegen. Hoewel men via termijntransacties de risico's zoveel mogelijk probeerde te beperken, bleef men grotendeels afhankelijk van de 'stand van zaken' binnen de OPEC. Met behulp van McKinsey probeerde men de vinger op andere zere en beïnvloedbare plekken te leggen.

We're all in this together .....

KLM bevond zich overigens in goed gezelschap, want ook Lufthansa en British Airways waren druk bezig met het uitrollen van allerlei kostenbeheersingsprogramma's. Ook deze maatschappijen hadden te maken met sterk toenemende kosten van vertragingen, negatieve valuta-ontwikkelingen, hoge rentevoeten, een sterk aanwakkerende internationale concurrentie, een haperende wereldeconomie en snel oplopende kapitaalslasten en afschrijvingen.

De vooruitzichten waren niet aantrekkelijk. De olieprijzen zouden naar verwachting verder gaan stijgen. De productiekosten van vliegtuigen namen alsmaar toe. De internationale concurrentiestrijd zou met de opkomst van de Aziatische luchtvaartmaatschappijen en de internationaliserende Amerikaanse giganten eerder toe- dan afnemen. Klanten zouden eerder wel dan niet meer service wensen en eerder op hun (dure) strepen gaan staan. Extra milieu-eisen, geavanceerdere trainingen voor medewerkers en steeds complexer en daarmee duurder onderhoud aan de vliegtuigen zouden eveneens een extra duit in het (kosten)zakje doen. De kosten van luchthavens zouden door expansie, nieuwe luchtvaartleidingssystemen, voortgaande (dure) automatisering en intensiverende veiligheidsmaatregelen alleen maar toenemen. *Last but sure not least:* de luchtwegen zouden steeds meer verstopt raken. Langere wachttijden en omvliegen zouden eveneens kostenstijgingen tot gevolg hebben [13]. De Golfoorlog dikte de transnationale luchtvaartproblematiek nog eens fors aan.

Bij de KLM had de leiding inmiddels het mes in de organisatie gezet. Op 12 oktober 1990 maakt de KLM bekend binnen drie jaar 500 (van de 3500) banen in staven en andere ondersteunende diensten te schrappen. Het voor KLM-begrippen opzienbare 'snijwerk' was het meest opvallende onderdeel van een ingrijpend herstructureringsplan dat het kostenniveau bij de KLM met ten minste 400 miljoen gulden moest verminderen. Het schrappen van 500 banen in de stafdiensten zou tot een structurele kostenverlaging van ongeveer 60 miljoen gulden moeten leiden. Het leek in eerste instantie erger dan het was, want de banenvermindering zou hoofdzakelijk via natuurlijk verloop en KLM's 'overtolligheidsregeling' plaatsvinden. Gedwongen ontslagen kwamen vooralsnog *nicht im Frage.* Het verhogen van de productiviteit en het flexibeler inzetten van het personeel zou tot een structurele kostenverbetering van ongeveer 150 tot 175 miljoen gulden moeten leiden. Het saneren van het lijnennet en het beter benutten van de KLM-vloot zou een structurele besparing van tussen de 100 en 150 miljoen gulden op moeten leveren. Ongeveer 30 miljoen gulden zou structureel op de dienstverlening aan de klant in het vliegtuig kunnen worden bespaard. Het herstructureringsplan raakte daarmee vooral de indirecte bedrijfsvoering en de niet direct bij de kernactiviteiten betrokken personeelsleden. Ook zouden een aantal niet bij name genoemde deelnemingen kritisch worden doorgelicht. Het ging daarbij in eerste aanleg om deelnemingen die niet strategisch van aard waren en die niet aan de eis van tien procent *return on investment* konden voldoen.

Het herstructureringsplan was nogal kwetsbaar, want de maatregelen lagen in het verlengde van nogal optimistische veronderstellingen. Zo was men uitgegaan van een (forse) jaarlijkse groei in de luchtvaart van zeven procent, een jaarlijkse stijging van de productiviteit van de werknemers van vier procent (in de voorafgaande jaren was met de grootst mogelijke moeite één tot drie procent gehaald), een zich stabiliserende dollarkoers (op dat moment f 1,70) en een tot tussen de $20 en $25 dalende olievatprijs (de prijs per vat bedroeg op dat moment $40). Het doel van het herstructureringsplan was de winst voor buitengewone baten te verhogen tot vijf procent van de concernomzet. Dit winstniveau was volgens de KLM noodzakelijk om de vermogensverhoudingen in balans te houden en een zelfstandig voortbestaan van de KLM te garanderen.

Ondergang van een icoon

Ook Northwest Airlines had met de nodige tegenwind te maken. Het verlies van Northwest liep in de periode 1990-1993 op tot circa $1,8 miljard. KLM moest in 1989 op haar deelneming in NWA een verlies van 60 miljoen gulden in de boeken bijschrijven. Over het op 31 maart 1991 afgesloten boekjaar 1990/1991 bedroeg dit verlies zelfs om en nabij de 130 miljoen gulden. Pieter Bouw, de nieuwe president-directeur en daarmee 'hoofd-woordvoerder' van de KLM, was er niet rauwig om:

"We hadden ook in meer vliegtuigen kunnen investeren. Dan ligt het geld ook vast. Het is een zakelijke afweging geweest die ons op termijn strategische voordelen oplevert. En de investering heeft onze vermogenspositie niet in gevaar gebracht. Zo hebben we nog steeds een bedrag van ongeveer 1,7 miljard gulden in kas waarmee we bovendien ook nog andere investeringen kunnen financieren."
Bron: NRC Handelsblad, "KLM financieel niets wijzer van belang Northwest", 5 april 1991.

NWA had het bepaald niet gemakkelijk. Checchi was niettemin optimistisch over de toekomst:

"Ondanks de dramatische gevolgen van de Golfcrisis voor de luchtvaartindustrie kunnen wij al onze verplichtingen nakomen. Bij de afbetaling van de financiering voor Northwest lopen we zelfs vooruit

op onze verplichtingen. Van die schuld [ruim $3,5 miljard, PKJ] is nu
nog maar circa 1,5 miljard dollar over."
Bron: NRC Handelsblad, "KLM financieel niets wijzer van belang Northwest", 5 april 1991.

In januari 1991 werd van overheidswege bekendgemaakt, dat KLM
haar investering in NWA niet hoefde te verminderen (daartoe werd
de KLM aanvankelijk min of meer door de Amerikaanse overheid
gedwongen). De KLM/NWA-case had voor het Amerikaanse
ministerie van Transport als 'voorbeeldfunctie' gefungeerd. Daarmee
werd eveneens de weg vrijgemaakt voor andere buitenlandse
luchtvaartmaatschappijen die net als de KLM aasden op participatie
in Amerikaanse *carriers*. De nieuwe regel was dat er door
buitenlandse maatschappijen in Amerikaanse maatschappijen
geïnvesteerd mocht worden tot een maximaal economisch belang
van 49 procent. Die maatschappijen mochten op hetzelfde moment
niet meer dan 24,9 procent van de zeggenschapsrechten in de
Amerikaanse *carrier* bezitten.

De plotselinge koerswijziging van de Amerikaanse overheid hield
nauw verband met de slechte financiële situatie waarin de
Amerikaanse luchtvaartmaatschappijen verkeerden. Eastern Airlines,
een van de grootste Amerikaanse maatschappijen was over de kop
gegaan, en Pan Am en Continental Airlines verkeerden in surséance
van betaling. Het aanpassen van de regelgeving was daarmee niet
gespeend van enig eigen belang.

KLM mocht eveneens op Minneapolis vliegen, de thuisbasis van
NWA. KLM had deze lijn toegewezen gekregen in het kader van
speciale regels voor zogenaamde 'underserved cities', Amerikaanse
vliegvelden die relatief weinig worden aangedaan. De beslissing
maakte het mogelijk tot een innige operationele samenwerking met
NWA te komen. De routenetwerken van NWA en de KLM konden
precies in elkaar worden geschoven. Via Minneapolis had de KLM
aansluiting gekregen op ongeveer 95 (van de 135) Amerikaanse
bestemmingen van NWA, terwijl NWA-passagiers in Minneapolis op
konden stappen voor de transatlantische vluchten van de KLM. Om
het feest compleet te maken werd het de KLM toegestaan drie leden
(in plaats van één) te benoemen in de uit vijftien leden bestaande
board of directors van NWA. De KLM-leiding was in haar nopjes,
want kon nu eindelijk de banden met NWA aan gaan halen.

De lijndienst op Minneapolis was het eerste concrete resultaat van
de alliantie tussen NWA en de KLM. Sinds 1989 was er nog maar
weinig progressie geboekt. De Amerikaanse overheid was vanwege

het omvangrijke KLM-aandeel in NWA lange tijd weinig meegaand geweest. Checchi en Wilson hadden daarnaast veel tijd nodig om NWA weer enigszins op orde te krijgen. De interne organisatie en het vernieuwen van het management behoefden veel aandacht. De crisis in de wereldluchtvaart deed de rest. Zowel de KLM als NWA hadden hun handen vol aan het op de rails houden van de eigen operaties. Beide maatschappijen draaiden slecht. Het verder verdiepen van de samenwerking had gewoonweg geen prioriteit. De nieuwe lijndienst zou met andere woorden het begin van een nieuwe fase kunnen zijn. Pieter Bouw maakte duidelijk dat de lijndienst op Minneapolis nog maar de eerste stap was op weg naar een veel intiemere relatie. Daarbij werd met name gedacht aan het afstemmen van dienstregelingen en *codesharing*, gezamenlijke inkoop en gemeenschappelijke marketing op de passagiers- en vrachtmarkten.

De consolidatie op de Amerikaanse luchtvaartmarkt ging ondertussen gestaag verder. American Airlines, United Airlines en Delta Airlines behoorden tot de zekere winnaars. De kloof met nummer vier, NWA, was groot. Checchi en Wilson waren dan ook voortdurend bezig netwerken van kleinere luchtvaartmaatschappijen op te kopen - soms succesvol, soms niet succesvol. Koppeling van netwerken leidt tot nieuwe commerciële en groeimogelijkheden. Ook de KLM profiteerde daardoor van het actieve 'anorganische' expansiebeleid van NWA. Het binnenlandse netwerk van NWA werd immers alsmaar dichter.

Voor Pan American World Airways was het inmiddels vijf minuten over twaalf. De in 1927 opgerichte maatschappij ging in 1991 roemloos tenonder. Pan Am was een Amerikaans instituut, een bedrijf 'met een ziel'. Het bedrijf stond in Amerika op dezelfde (bijna onaantastbare) hoogte als Ford, General Motors en Coca-Cola. Het bedrijf was ooit opgericht door Juan Trippe. Ook de legendarische Charles A. Lindbergh werkte bij Pan Am. Trippe en Lindbergh stuwden Pan Am op in de vaart der luchtvaartmaatschappijen.

Pan Am was verantwoordelijk voor de internationale uitbouw van de Amerikaanse luchtvaartsector. Het bedrijf vloog al voor de Tweede Wereldoorlog intercontinentaal en bestelde in 1955 als eerste straalvliegtuigen. Pan Am was in strategisch en commercieel opzicht een innoverend Amerikaans bedrijf en daardoor een lichtend voorbeeld voor generaties Amerikaanse ondernemers. Pan Am onderhield een warme relatie met de Amerikaanse politiek. Dit 'image' ging later tegen de maatschappij werken, want passagiers willen nu eenmaal niet door maatschappijen vervoerd worden die een aantrekkelijk doelwit zijn voor criminelen en terroristen.

Pan Am maakte als een van de eerste maatschappijen actief gebruik van de pers om een bepaald imago ('glamour' en 'luxe') te creëren. Al in de jaren veertig kon je als passagier op de route New York - Londen genieten van ontbijt op een van tevoren gereserveerd bed. Trippe beschouwde Pan Am als zijn eigen *boy toy* - met alle gevolgen van dien. Hij was een alleenheerser in de ware zin des woords. Toen hij in 1968 als topman/oprichter de deur achter zich dichttrok was er geen sterke opvolger en managementgroep voorhanden. Vanaf dat moment begon Pan Am aan een lange vlucht naar beneden.

De deregulering van 1978 fungeerde als katalysator van de onvermijdelijke neergang, ondanks de (uit)verkoop van veel 'tafelzilver' (onder meer de Inter-Continental hotels en routes in het gebied van de Stille Oceaan). Het internationaal georiënteerde Pan Am miste het sterke binnenlandse routenetwerk noodzakelijk om de internationale vluchten van passagiers en vracht te kunnen voorzien. Het in 1988 boven het Schotse Lockerbie neergestorte Pan Am-toestel ('Vlucht 103') en de Golfcrisis waren uiteindelijk het definitieve 'nekschot'. Concurrent Delta Airlines nam na de *crash* een groot deel van het lijnennetwerk van Pan Am over - in het bijzonder de transatlantische routes.

De deelnemingenstrategie: 'good, bad or ugly'?

In de periode juli 1990 tot juli 1991 daalde het totale luchtvervoer op de Noord-Atlantische route met drie procent. KLM en NWA wisten echter een toename van het luchtvervoer van respectievelijk 8 en 3 procent te noteren. Verder was de dienstverlening van NWA dankzij de KLM aanmerkelijk verbeterd. *Northworst* was nog niet *Northbest*, maar het begon in ieder geval de goede kant op te gaan. Ook het management van NWA was aangepast aan de eisen des tijds. Het in elkaar schuiven van de netwerken en de bedrijfsvoering van de beide maatschappijen begon langzaamaan effect te sorteren.

Het begin van de jaren negentig was niet eenvoudig voor de KLM. De strategie om langs de weg van participaties in uiteenlopende maatschappijen te groeien kwam niet van de grond. De participaties van de KLM waren per saldo verliesgevend. De beoogde groei werd dan ook niet gerealiseerd. Plan en uitvoering bleken haaks op elkaar te staan. Vooral de participaties in NWA en het Franse Air Littoral waren zeer verliesgevend. Daarmee kwam ook de financiële *performance* van de KLM onder druk te staan en dus de strategie.

Vooral Air Littoral was in één woord weg een drama zonder weerga. In de zomer van 1991 neemt de KLM een belang van 35 procent in Air Littoral. Air Littoral was in 1972 opgericht en was gespecialiseerd in de regionale luchtvaart. Air Littoral bediende in het voorjaar van 1991 met een personeelsbestand van ongeveer 1000 medewerkers ruim 40 bestemmingen, waarvan de helft buiten Frankrijk. Het telde een vloot van 31 vliegtuigen. Over 1990 werd een bescheiden winst van ongeveer 1,5 miljoen franc (0,5 miljoen gulden) behaald op een omzet van 584 miljoen franc (ongeveer 200 miljoen gulden).

Air Littoral was geen onbekende van de KLM. Beide bedrijven onderhielden reeds een commerciële samenwerking. Daarnaast werden in 1990 alle zes Fokker-100 toestellen die de KLM na een verschil van mening met Fokker niet wilde hebben, via een leasemaatschappij waaraan de toestellen waren verkocht, aan Air Littoral verhuurd. De deelneming vertegenwoordigde een waarde van ongeveer 50 miljoen gulden. Air Littoral moest de positie van de KLM in het Europese luchtverkeer versterken. Het voerde onder meer lijndiensten uit tussen Parijs en regionale luchthavens in Zuid-Frankrijk als Nice, Lyon, Montpellier en Marseille, routes waar de KLM niet aan toekwam. Air Littoral was vanuit die invalshoek een aantrekkelijke partner. Verder wilde de KLM Air Littoral als *feeder* gebruiken. Door Air Littoral aangevoerde Franse passagiers zouden dan op Schiphol door de KLM via de intercontinentale routes vervoerd kunnen worden. De KLM-benadering was plausibel, ware het niet dat Air Littoral de daaraan voorafgaande jaren slechts minieme winsten had weten te behalen hetgeen weinig goeds voor de toekomst voorspelde.

Air Littoral wilde op haar beurt internationaal verder de vleugels uitslaan, maar had daar niet het geld voor (hetgeen de KLM-leiding al direct aan het denken had moeten zetten). Air Littoral wilde haar eigen vermogen versterken voor het financieren van de snelle expansie. Zo wilde de leiding van de maatschappij het aantal bestemmingen met vijftien opvoeren. Volgens beide maatschappijen wilden zij 'in het licht van de Europese liberalisering van de luchtvaart door samenwerking hun positie versterken'. Volgens een woordvoerder van de KLM was de deelneming in Air Littoral gebaseerd op:

"Hetzelfde concept als onze andere deelnemingen, waarbij complementaire netwerken elkaar moeten aanvullen. Daardoor krijgen beide maatschappijen een grotere marktomvang en de klanten meer keuzemogelijkheden."
Bron: NRC Handelsblad 15 juni 1991.

Al vrij snel na de genomen deelneming werd duidelijk, dat Air Littoral een structurele verliespost zou worden. Over 1991 werd een verlies van 33 miljoen gulden geleden. Air France - waarmee de Franse overheid nauwe banden onderhield - kreeg bovendien alle ruimte om Air Littoral van de markt te drukken. De KLM-leiding bleek haar strategie niet goed met de Franse overheid kort te hebben gesloten. De KLM-leiding had het belang van het 'management van politiek kapitaal' onderschat. Al na anderhalf jaar werd het belang in *bleeder* Air Littoral vervreemd. De KLM-leiding gaf daarmee impliciet de strategische misstap toe. Op dat moment had Air Littoral de KLM al 109 miljoen gulden aan herstructureringskosten en enkele tientallen miljoenen guldens verlies bezorgd.

De slechte resultaten van de deelnemingenstrategie had deels te maken met de mondiale economische recessie waarmee alle maatschappijen op dat moment te kampen hadden. NWA en Air Littoral scheerden echter langs de rand van de afgrond. De significante minderheidsbelangen van de KLM (20 procent in Northwest Airlines en 35 procent in Air Littoral) werkten een-op-een door in de financiële *performance*. De KLM-leiding bleef echter vastberaden in haar opvatting: de deelnemingen hadden met name strategische waarde en dan vooral op een wat langere termijn.

De druk op de KLM-leiding nam echter toe, omdat het concern voor het eerst in meer dan een decennium verliesgevend was - en hoe. Er was in het boekjaar 1990/1991 een verlies geleden van 630 miljoen gulden. De Golfoorlog, hogere brandstofkosten, negatieve wisselkoersontwikkelingen (die alleen al voor 130 miljoen op de exploitatie hadden gedrukt) en sterke bedrijfskostenstijgingen waren verantwoordelijk voor dit recordverlies. Pieter Bouw ging niet bij de pakken neerzitten en maakte duidelijk dat de KLM, ondanks de nodige problemen, haar marktbasis in Europa aanmerkelijk wilde versterken. Het Pan Am-debacle had in ieder geval één ding duidelijk gemaakt: een internationaal actieve luchtvaartmaatschappij behoeft een sterke positie op de thuismarkt. En voor de KLM was Europa de thuismarkt. In de woorden van Bouw:

*"Ons vervoersaandeel is met 2,6 procent van de Europese markt te
gering en moet versneld worden opgevoerd, ook om ons zo
belangrijke intercontinentale lijnennet te ondersteunen."*
Bron: Persconferentie KLM naar aanleiding van jaarverslag over 1990/1991, 23 juli 1991.

Het Europese KLM-marktaandeel zou volgens Bouw binnen tien jaar
tenminste tien procent moeten bedragen. Het accent zou daarbij
vooral op (vergaande) samenwerkingsverbanden moeten liggen. Dat
daardoor de inkomsten op korte termijn onder druk zouden komen te
staan nam de KLM-top voor lief. Diensten binnen Europa hadden nu
eenmaal een veel lagere bezetting dan intercontinentale vluchten.

Het versneld handen en voeten geven aan de alliantiestrategie was
een illusie. Een deelneming van 60 procent - samen met NWA en
drie lokale banken - in de Venezolaanse
staatsluchtvaartmaatschappij Viasa, ketste in de zomer van 1991 op
het allerlaatste moment af. Dat was voor de KLM een teleurstelling,
want de beide maatschappijen kenden elkaar goed. Sinds 1968 werd
al samengewerkt op het gebied van het onderhoud van vliegtuigen
en trainingen. Daarmee ging de toegang tot het Latijnsamerikaanse
luchtruim min of meer 'op slot'. Een jaar eerder kon de KLM-leiding
niet tot een vergelijk komen met Aerolineas Argentinas, de nationale
Argentijnse luchtvaartmaatschappij.

Het proces van aantrekken en afstoten in Europa leidde in 1991 tot
een situatie waarin British Airways en de KLM voor elkaar
voorbestemd leken te zijn. Hoewel de onderhandelingen
aanvankelijk in het diepste geheim werden gevoerd, werd al snel de
openbaarheid gekozen en aangegeven dat het de beide
ondernemingen ernst was. British Airways en de KLM kenden elkaar
al heel lang. Beide maatschappijen deelden tot de komst van British
Midland in het midden van de jaren tachtig lusten en lasten op het
traject Amsterdam-London. De gronddiensten van de KLM hadden
verder vele tientallen jaren achtereen de British Airways-vliegtuigen
op Schiphol afgehandeld. In 1989 wilden de beide maatschappijen
gezamenlijk in het Belgische Sabena participeren. De 'indirecte'
liaison werd echter door de omvangrijke problemen in Brussel op het
allerlaatste moment afgeblazen.

De hooggespannen verwachtingen werden niet bewaarheid. British
Airways en de KLM konden het over diverse zaken niet eens
worden. Men had tezeer van elkaar verschillende opvattingen over
de concrete invulling van de vergaande samenwerking. Daarmee
kwam een einde aan een korte, maar heftige 'affaire' die in de loop

van de jaren negentig nog menigeen bezig zou houden - niet in de laatste plaats de leiding van de KLM.

Northworst, Northwest ..... Northbest?

De alliantie met NWA kwam in een nieuwe fase terecht toen Nederland op het punt stond een *open skies agreement* met de Verenigde Staten te ondertekenen - in luchtvaartpolitiek opzicht een noviteit. KLM zou daardoor als eerste Europese luchtvaartmaatschappij op uiteenlopende Amerikaanse bestemmingen mogen vliegen. Daarmee zou de synergie met NWA op netwerkniveau geoptimaliseerd kunnen worden. De Amerikaanse markt zou veel beter bewerkt kunnen worden.

NWA kampte ondertussen nog steeds met een enorme schuldenlast, waar Checchi overigens opvallend nuchter onder bleef. Analisten die in de *Wall Street Journal* van begin juli 1992 werden geciteerd, hadden er een zwaar hoofd in of NWA het wel zou kunnen bolwerken in de op de Amerikaanse markt opgelaaide prijsconcurrentiestrijd. Als het steeds moeilijker is een boterham te verdienen, hoe kun je dan een enorme schuld aflossen? Dat leek met elkaar in tegenspraak te zijn. Bij de toekomst van NWA werden dan ook vette vraagtekens gezet. Die schuldenlast dreigde NWA op termijn op te breken. De crisis in Japan kwam daar nog eens overheen. De 'Pacific Division' van NWA draaide van de drie divisies (Pacific, Atlantic en Domestic) dan ook verreweg het slechtst.

De NWA-leiding pakte niettemin de koe bij de horens. Zo werd in het voorjaar van 1992 het marketingbudget verdubbeld, werd er tot 1995 $450 miljoen uitgetrokken voor het verbeteren van de dienstverlening in de meest ruime zin des woords en ging men veel aandacht besteden aan de vele *rankings* waarop men vrijwel zonder uitzondering slecht scoorde. Met hulp van de KLM werd een kostenbesparingsprogramma opgesteld en uitgevoerd en werden uiteenlopende functies 'uitgedund'.

John Dasburg, sinds 1990 *Chief Executive Officer* van NWA, stelde nadrukkelijk dat NWA niet op het randje van faillissement balanceerde, zoals veel financiële dagbladen en analisten suggereerden. In *NRC Handelsblad* maakte Dasburg min of meer duidelijk dat NWA de moeilijkste jaren al achter de rug had:

"Onze cash flow is ondanks alles sterk gebleven, alle nieuwe toestellen die dit jaar worden afgeleverd, zijn betaald. We hebben

*veel waardevolle activa en toegang tot een ruime kredietlijn. De
financiële toestand van Northwest is stabiel. We zijn sterk genoeg
om verder te groeien."*
Bron: NRC Handelsblad, "Groot verlies in jaar van de klant", 21 augustus 1992.

Bovendien: geen enkele grote Amerikaanse *carrier* opereerde
winstgevend. Het 'conservatieve' Delta Airlines leed bijvoorbeeld in
de eerste helft van 1992 een verlies van $332 miljoen. Northwest
behaalde over dezelfde periode een verlies van $249 miljoen, United
Airlines $187 miljoen, USAir $148 miljoen, American Airlines $146
miljoen en Continental Airlines $110 miljoen. Het grootste deel van
de NWA-verliezen kon uit de verscherpte prijsconcurrentiestrijd
worden verklaard. De fundamenten van NWA waren volgens
Dasburg kerngezond. Dasburg was ronduit lyrisch over de relatie met
de KLM. Dankzij de KLM waren allerlei verbeteringen doorgevoerd:

*"Onze Nederlandse partner geeft ons een goed voorbeeld hoe wij
moeten omgaan met service. Northwest was vorig jaar [1991, PKJ]
de best op tijd vliegende luchtvaartmaatschappij in de VS, we
hadden relatief de minste klachten van passagiers en in de
afhandeling van de bagage waren we nummer één."*
Bron: NRC Handelsblad, "Groot verlies in jaar van de klant", 21 augustus 1992.

In september 1992 maken de beide partners een 'akkoord over
commerciële samenwerking en integratie' wereldkundig. Het kort
daarvoor tussen Nederland en de Verenigde Staten gesloten *open
skies agreement* fungeerde als katalysator. Dankzij het *open skies
agreement* kreeg de KLM toegang tot alle vliegvelden in de
Verenigde Staten. Omgekeerd kregen Amerikaanse maatschappijen
vrije toegang tot de Nederlandse vliegvelden (naast Schiphol dus
ook een vliegveld als Rotterdam en Eelde).

De vrijere toegang tot elkaars luchtruim zou de internationale handel
tussen Nederland en de Verenigde Staten ten goede komen. Het
open skies agreement was vooral voor de KLM van groot belang.
KLM werd hierdoor in de gelegenheid gesteld een flexibele
bedrijfsstrategie op de Amerikaanse markt te voeren. KLM zou op
deze manier extra inkomsten kunnen genereren. Voor de
Amerikanen waren de voordelen minder opzienbarend. Zij waren in
eerste aanleg meer in de grotere Britse, Duitse en Franse markt
geïnteresseerd, maar kregen van de respectievelijke overheden -
bang als ze waren voor de grote Amerikaanse *carriers* - nul op
rekest. Het *open skies agreement* met Nederland zou als
'voorbeeldfunctie' dienst kunnen doen. De Amerikanen hadden met
andere woorden een voet tussen de deur van het Europese

luchtruim. Nederland was het eerste land waarmee de Verenigde Staten een *open skies agreement* sloten.

Door het in september 1992 tussen KLM en NWA ondertekende akkoord zou het samenwerkingsproces versneld en verdiept kunnen worden. Tot dan toe had de samenwerking een hoog 'marketing'-gehalte. Zo werd aan *code sharing* gedaan - vliegen onder hetzelfde vluchtnummer bij zowel de KLM als NWA - en waren de *frequent flyers* programma's aan elkaar gekoppeld. Een verdere verdieping van de samenwerking had nog niet plaatsgevonden en werd nu dus mogelijk gemaakt.

Het akkoord anticipeerde op samenwerking op het gebied van het verkoop- en prijsbeleid. Ook de planning van vluchtschema's, het advertentiebeleid en het capaciteitsbeleid kon vanaf dat moment geharmoniseerd worden. Het van een gemeenschappelijke naam gebruik maken behoorde eveneens tot de mogelijkheden. Northwest sprak in een persbericht over het opstarten van *one global airline system*. KLM en NWA zouden kunnen gaan werken 'alsof zij één maatschappij waren'. Het in elkaar opgaan was vooralsnog onmogelijk. De Amerikaanse en Europese wetgeving stond dit vooralsnog in de weg.

Financiële bodybuilding

Checchi en Wilson hielden zich voornamelijk met financiële bodybuilding bezig. De financiële situatie van NWA was aan het einde van 1992 ondanks vele ingrijpende kostenbesparingsacties bedroevend slecht. Door eindeloos met vele verschillende partijen (aandeelhouders, toeleveranciers, banken, medewerkers) te onderhandelen, kon op het laatste moment de ('slechts') kortetermijntoekomst van NWA veilig worden gesteld. Ook de KLM kwam in die dagen met de nodige financiële steun over de brug: een additionele investering van $50 miljoen. Het was pompen of verzuipen. Het werd het eerste. De KLM-leiding was vastbesloten door te gaan met het opbouwen van een *global airline*. De door KLM verstrekte lening had overigens geen invloed op de omvang van de deelneming in NWA.

1993 Had veel met het rampjaar 1992 gemeen. Ook in 1993 was het erop of eronder voor NWA. Men ontsnapte dankzij een ingrijpend pakket bezuinigingsmaatregelen, een nieuw schema voor het aflossen van leningen aan uiteenlopende schuldeisers en vergaande loonoffers op het nippertje aan een surséance van betaling.

De samenwerking tussen beide maatschappijen werd met behulp van een nieuw logo zichtbaarder gemaakt. Alle 454 vliegtuigen van beide maatschappijen kregen een nieuw vignet op de romp. De beide oorspronkelijke logo's werden 'omarmd' door de termen 'worldwide' en 'reliability'. Beide maatschappijen bleven wel onder de eigen naam vliegen. En met succes, want NWA behaalde het derde kwartaal - traditioneel het beste kwartaal voor luchtvaartmaatschappijen - voor het eerst sinds jaren een winst van $112 miljoen. De inmiddels door de KLM-leiding volledig afgeschreven investering begon eindelijk te renderen - althans daar leek het op het eerste gezicht veel op. De samenwerking werd andermaal uitgebreid. Er werd een gemeenschappelijke tariefstructuur geïntroduceerd en het aantal routes waarop aan code sharing werd gedaan werd verder uitgebreid.

Het einde van de donkere tunnel leek te zijn bereikt. Ook de cijfers van IATA over de mondiale groei van het luchtverkeer bevestigden dat het zonnetje langzaam maar zeker door begon te breken. Volgens IATA zou het passagiersvervoer door lijndienstmaatschappijen tot 1997 jaarlijks met gemiddeld 6,6 procent groeien. Het vrachtvervoer zou in diezelfde periode jaarlijks gemiddeld 7,2 procent groeien [14].

Op 22 oktober 1993 opende Het Financieele Dagblad met de mededeling dat de KLM en Northwest Airlines een streep hadden gezet door de operationele integratie van de vrachtdivisies van beide maatschappijen. Het nieuws sloeg in als een bom. Volgens Het Financieele Dagblad waren beide maatschappijen een jaar eerder nog van plan de beide vrachtdivisies in elkaar te schuiven. KLM-vrachtdirecteur Ancher sprak toen nog over een 'stappenplan' voor verdere integratie van de vrachtonderdelen van de twee maatschappijen. In een nog eerder stadium (in 1991) had Ancher volgens Het Financieele Dagblad al eens aangegeven dat beide maatschappijen dichtbij een soort fusie van hun vrachtonderdelen waren. Een KLM-woordvoerder probeerde een en ander te bagatelliseren:

"Het stappenplan is inmiddels verlaten. Tijdens het praten zijn we teruggekomen van dat idee. We blijven zelfstandig en zoeken samenwerking op andere manieren."
Bron: Het Financieele Dagblad, "KLM en Northwest halen streep door plan tot vrachtfusie", 22 oktober 1993.

1993 was voor de KLM ook het jaar van het mislukte fusie-project 'Alcazar'. Het complexe fusie-project met SAS, Swissair en Austrian Airlines was voor de KLM-leiding een brug te ver. In het kerstnummer van *Elsevier* gaf Pieter Bouw toe dat de integratie van de vier Europese maatschappijen ten koste zou zijn gegaan van KLM's samenwerking met NWA. Sterker nog, KLM had haar *partnership* met NWA naar de mening van Swissair en SAS moeten opgeven. Swissair vond dat haar alliantie met Delta Airlines de geografische 'groei-as' van de nieuwe combinatie moest worden. SAS had een voorkeur voor haar eigen partner, Continental Airlines. En dat was volgens Pieter Bouw nu net niet de bedoeling:

"We zijn met Northwest door een diep dal gegaan. De samenwerking KLM-Northwest verloopt nu uiterst soepel en is voor beide partijen zeer voordelig. Dat voordeel wilden we niet opgeven".
Bron: Elsevier, "Elf wijze mannen en Pieter", 25 december 1993.

Van lijdend voorwerp naar leidend voorbeeld

NWA kreeg in het voorjaar van 1994 weer een beursnotering in New York. Het bedrijf was als gevolg van de *leveraged buyout* in 1989 van de beurs verdwenen. De uitgifte van nieuwe aandelen leverde ongeveer $260 miljoen op. Dat was lager dan gehoopt (men had ingezet op ongeveer $400 miljoen), maar verklaarbaar door het vele door NWA toegepaste financiële kunst en vliegwerk [15]. De openbare emissie had tevens positieve gevolgen voor het aandeel KLM. Dat schoot omhoog. De markt had blijkbaar vertrouwen in NWA en daarmee in de strategische alliantie met de KLM.

NWA bleef vriend en vijand verbazen. In het in de luchtvaart beruchte (vaak verliesgevende) vierde kwartaal van 1993 werd een positief nettoresultaat ($10,5 miljoen) behaald - een enorme verbetering in vergelijking met het verlies van $695 miljoen in dezelfde periode in 1992. Over het hele jaar boekte NWA een verlies van $115 miljoen, in vergelijking met een verlies van $1,08 miljard over 1992. De *performance* was met name verbeterd door grootscheepse kostenbesparingsacties, het verminderen van het aantal niet-winstgevende routes, het verminderen van het werknemersbestand (sinds juni 1993 was het aantal medewerkers met 9 procent verminderd), een forse toename van de opbrengsten en betere prijzen die in de markt gerealiseerd konden worden. De productie was veel sterker gestegen dan de kosten. De saneringsmaatregelen begonnen hun vruchten af te werpen.

En dit was pas het begin. NWA bleef goed presteren en boekte in absoluut en relatief opzicht het ene record na het andere. Ook in het vanwege seizoengebonden factoren traditioneel zwakke eerste kwartaal van 1994 werd een nettowinst geboekt van $18,3 miljoen (in 1993 werd in het eerste kwartaal nog $100 miljoen nettoverlies geleden). De kosten waren in het eerste kwartaal andermaal met 3,5 procent verlaagd. De samenwerking tussen NWA en KLM begon in financieel opzicht resultaten op te leveren. Het werd hoog tijd.

Het tweede kwartaal was zo nodig nog beter: een nettowinst van maar liefst $71 miljoen. Vanuit financieel opzicht boerde de KLM goed. Vanuit politiek-strategisch opzicht begon het van zelfvertrouwen overlopende management van NWA de nodige onafhankelijkheid op te eisen. De houding van de leiding van NWA begon langzaam maar zeker te veranderen. Men had de KLM nu eenmaal minder nodig. De grotere omvang (omzet, vloot en netwerk) begon in het voordeel van NWA door te werken. *Northwest saw little but blue skies ahead.* De onderhandelingspositie van NWA versus de KLM versterkte en leidde tot een vertraging van de integratie van allerlei operationele maar ook strategische zaken als de samenvoeging van de vrachtdivisies KLM Cargo en Northwest Cargo. Vooral de samenvoeging van die luchtvrachtdivisies wilde maar niet lukken.

De wederopstanding van NWA was mede het gevolg van het aantrekken van John Dasburg als hoogste baas. Hoewel Checchi en Wilson co-voorzitter en mede-eigenaar waren van NWA, zwaaide Dasburg in de praktijk als CEO de scepter over NWA. Hij was als accountant gewend om kritisch naar kostenstructuren te kijken, en de kostenstructuur van NWA was bij zijn aantreden in 1990 bepaald niet om over naar huis te schrijven. Dasburg zag voorts van meet af aan dat NWA geld verloor, omdat het op verliesgevende routes vloog. Mede om die reden deed hij verschillende verliesgevende lijnen van de hand. Op hetzelfde moment versterkte hij de positie van NWA op haar sterke routes. Ook werd de voor NWA belangrijke Tokyo-hub aanmerkelijk versterkt. Verder verlaagde hij de interne bedrijfs- en loonkosten structureel. NWA werd onder Dasburg wat betreft het kostenniveau (kosten per kilometer per stoel) na Southwest Airlines de op één na goedkoopste Amerikaanse luchtvaartmaatschappij [16]. Verder zorgde Dasburg ervoor dat de opbrengsten aanmerkelijk werden opgevoerd.

Het was niet alleen maar rozengeur en maneschijn. Zo was de NWA-vloot aan het verouderen. NWA vloog al enige tijd met een oude vloot toestellen rond (gemiddelde leeftijd ruim 15 jaar - de KLM-vloot was op dat moment gemiddeld 7 jaar jong). Die toestellen zouden over niet al te lange tijd vervangen moeten worden - een dure aangelegenheid. Verder bleef de langetermijnschuld bijzonder hoog. Een recessie met een lagere vraag en hogere brandstofkosten zou nog steeds levensbedreigend zijn. Ook de opkomst van *low-cost carriers* als Southwest Airlines vormde voor NWA een grote bedreiging. NWA bleef uiterst kwetsbaar. Het had weinig vet om het lijf.

De KLM-leiding was van mening dat de samenwerking verder opgetuigd moest worden. Er was wat dat betreft nog een wereld te winnen. Een volledige integratie van beide maatschappijen was echter niet op haar plaats. Leo Van Wijk, later president-directeur, zei het als volgt:

"Zo dat al mogelijk zou zijn [een volledige samenvoeging van de beide maatschappijen, PKJ] is de noodzaak daartoe niet aanwezig. De organisaties van KLM en Northwest zijn grotendeels afgestemd op de situatie in beider thuismarkt (Europa en de VS) en vullen elkaar op hoofdlijnen dus goed aan."
Bron: De Telegraaf, "KLM en Northwest gaan samenwerking versterken", 15 november 1994.

Het KLM-belang in NWA werd uitgebreid tot 25 procent. KLM had in de tweede helft van 1994 het belang van het Australische Foster's Brewing Group/FBG (Elders) weten te bemachtigen. Volgens de *Wall Street Journal* voor ruim 310 miljoen gulden. Naast de gewone aandelen werden ook de preferente aandelen Northwest van FBG overgenomen. Daarmee kreeg de KLM een belang van $500 miljoen aan preferente aandelen Northwest. Voor de buitenwereld was dit een duidelijk signaal: de relatie met NWA *was still going strong*. De KLM-leiding investeerde niet zozeer in NWA maar vooral in KLM's belang in NWA.

Het ogenschijnlijke succes van de NWA/KLM-alliantie bleef niet onopgemerkt. Het Amerikaanse zakenblad *BusinessWeek* - de 'bijbel' van zakelijk Amerika - zette de KLM zelfs op haar *cover* als zijnde een voorbeeldfunctie voor de branche. Het lijdend voorwerp van de luchtvaartindustrie werd tot leidend voorbeeld. In de woorden van *BusinessWeek*:

"..... the Dutch carrier's risky alliance with Northwest Airlines Inc. is emerging as the first successful model of the strategic tie-ups that every airline covets as the industry struggles to globalize. KLM and

*Northwest are skirting legal and cultural constraints that have
stymied other airborne alliances and are pooling resources in the
closest thing to a merger their industry has seen."*
Bron: BusinessWeek, "Flying High at KLM - Why its Global Strategy - and Northwest
Alliance - is Working", 20 februari 1995.

Scheuren in het fundament

In januari 1995 maakt Pieter Bouw via de TROS-radio bekend dat hij
zeer content is met de gang van zaken tussen NWA en de KLM. De
samenwerking met NWA leverde de KLM op dat moment al tussen
de 100 en 150 miljoen gulden per jaar op. Als het tot een nog
hechtere samenwerking zou komen tussen de beide
maatschappijen, dan zou Bouw binnen die relatie bij voorkeur de
eigen identiteit willen behouden. De merknamen NWA en KLM waren
solide en ontstaan na jaren van weloverwogen investeringen. Bouw
benadrukte dat de wijze van werken van General Motors hem wat
dat betreft aansprak. Er reed immers ook niemand rond in een
General Motors. Bouw was van mening dat men op zoek moest gaan
naar nieuwe samenwerkingsmogelijkheden. Daar begon NWA
anders over te denken.

In het najaar van 1995 beginnen de eerste scheuren te ontstaan in
het voor de buitenwereld zo indrukwekkende bastion. Andere
aandeelhouders dan de KLM wilden in financieel opzicht profiteren
van de herrijzenis van NWA. KLM was echter vooralsnog niet in
dividend maar vooral in een verdere integratie geïnteresseerd - het
optimaliseren van de samenwerking was nog lang niet afgerond. De
samenwerking kon op tal van gebieden worden uitgebreid.

Like a married couple that has suddenly won the lottery, zo kopte de
Wall Street Journal in november 1995. Het 'verschil van mening'
verscheen paginabreed in de Amerikaanse en daarmee mondiale
pers. 'Anonieme bronnen' wisten te melden dat Checchi en Wilson
zich aan het voorbereiden waren voor een *cash-out* nu NWA
eindelijk weer een solide maatschappij was geworden. Wat de
bedoeling van beide NWA-voorzitters ook was, feit bleef dat de
relatie op een hellend vlak was beland.

Het latente conflict werd door een andere ontwikkeling manifest.
NWA was van plan de zeggenschap van aandeelhouders als KLM te
beperken tot ongeveer 18 procent - een traditionele
'beschermingsconstructie'. Het juridische belang van de KLM was op
dat moment 19,5 procent en het economische belang bedroeg 25

procent. De zeggenschap van de KLM in NWA stond daarmee ter discussie. NWA wilde zich op deze manier tegen overnamepogingen van buitenaf beschermen. De Amerikaanse luchtvaartmarkt maakte zich namelijk op voor de zoveelste consolideringsslag.

NWA wilde echter meer veranderen. Het wilde ook af van de statutair vastgelegde afspraak dat bij 'belangrijke beslissingen' (als een overname) de steun van tenminste 60 procent van de oorspronkelijke aandeelhouders nodig is (de aandeelhouders die in 1989 bij de *leveraged buyout* betrokken waren). NWA wilde meer strategische flexibiliteit. Men wilde verder voorkomen dat KLM NWA sluipenderwijs zou kunnen overnemen. NWA had namelijk aanwijzingen dat de intenties van haar partner niet altijd even zuiver waren. Topman Dasburg zei daar het volgende over:

"Naarmate onze winst toeneemt en Northwest een van de succesvolste maatschappijen ter wereld is geworden, wordt steeds duidelijker dat de KLM haar invloed en eigendomsrechten verder wil uitbreiden. Maar nu het ons volledig helder is wat de KLM-bedoelingen zijn, zullen we natuurlijk alles doen om die te frustreren.....

..... We hebben de fout gemaakt dat we ons niet hebben gerealiseerd dat de KLM Northwest Airlines wilde overnemen. We hebben altijd gedacht dat de KLM alleen geïnteresseerd was in een commerciële alliantie. We zijn ook trots op onze vooruitgang als gevolg van die samenwerking. Northwest is daarmee een van de toonaangevende luchtvaartmaatschappijen ter wereld geworden. We zijn daar beiden beter van geworden. Uiteindelijk verdient de KLM daaraan nu jaarlijks ook zo'n $150 miljoen. Het lijkt me een goed resultaat van onze alliantie. Ik wil niet zeggen dat het genoeg is maar wel dat de commerciële alliantie succesvol is en niet tot een volledige overneming hoeft te leiden.....

[om daar strijdlustig aan toe te voegen, PKJ]

..... Uiteindelijk zijn we groter dan de KLM. We onderzoeken daarom als alternatief of we de KLM niet zelf kunnen overnemen. "
Bron: De Telegraaf, "Northwest Airlines wil coupe KLM verijdelen", 10 november 1995.

NWA wilde voorkomen dat KLM haar via de achterdeur zou overnemen. Dasburg zei daar in *Het Financieele Dagblad* van 18 november 1995 het volgende over: 'KLM voert daarvoor in Washington een actieve lobby'. In datzelfde interview kwam Dasburg met een andere onthulling. Pieter Bouw zou tijdens een bestuursvergadering in april van dat jaar voor de lange termijn hebben gezinspeeld op een geïntegreerde onderneming volgens het model Unilever. Bouw deed deze onthulling in hetzelfde artikel in *Het Financieele Dagblad* overigens af als 'typisch tekentafelwerk'. De toonzetting van de commentaren over en weer was niettemin duidelijk. De potloden werden scherper geslepen.

Op 16 november 1995 ging de *board of directors* van NWA - waaronder de KLM'ers Bouw, Abrahamsen en Van Wijk - met elf tegen drie stemmen akkoord met het voorstel om de stemgevende rechten van afzonderlijke aandeelhouders (waaronder de KLM) te beperken. De beschermingsconstructie was een feit. De grens werd bij 19 procent getrokken. Dit vanzelfsprekend tot grote teleurstelling van Bouw cum suis. Men had zich de afgelopen jaren loyaal jegens NWA opgesteld. Men had NWA tijdens de vele fusie- en alliantiegesprekken nimmer laten vallen. Men voelde zich dan ook buitengewoon opgelaten. Voor de KLM-leiding ging het om een grove aantasting van de in 1989 verworven aandeelhoudersrechten. In een telefoongesprek met Nederlandse journalisten zei Bouw:

"Onze rechten zijn aangetast. Ik denk dat wij alle opties moeten openhouden en naar de nieuwe situatie moeten kijken nu een besluit is genomen dat zo duidelijk tegen de KLM is gericht. Want zo interpreteren wij het."

[Tegelijkertijd wilde Bouw nog het volgende kwijt, PKJ]:

"Wij doen ons uiterste best om met een goede samenwerking door te gaan. In dit soort spannende tijden moet je je hoofd koel houden en er voor zorgen dat de negatieve effecten van een geschil niet doorwerken. Wij zullen er voor zorgen dat dit niet gebeurt."

[Dasburg zei het volgende, PKJ]:

"Wij moeten de kwestie van aandeelhoudersbelangen blijven scheiden van operationele samenwerking. Er zijn uitstekende vormen van samenwerking waar geen aandeel aan te pas komt."
Bron: NRC Handelsblad, "Beperking invloed bij Northwest dupeert KLM", 17 november 1995.

De juridische zeggenschap van de KLM bleef uiteindelijk steken op 18,8 procent. Volgens Bouw kon de KLM heel goed met dat percentage leven. 'Waar het om gaat, is dat onze rechten zijn aangetast'. De KLM had ten tijde van de continuïteitsproblemen van

NWA in 1993 een optie gekregen op 5 miljoen aandelen Northwest in 1998. KLM investeerde in die voor NWA donkere dagen $50 miljoen en droeg haar steentje bij aan het organiseren van een forse lening (van uiteindelijk $250 miljoen). De bedongen optie vertegenwoordigde voor de KLM op dat moment een waarde van ongeveer $150 miljoen, gebaseerd op de marktwaarde van gewone aandelen Northwest voor invoering van de beschermingsconstructie. Omdat het uitoefenen van de optie ten koste zou gaan van het aandelenbezit van de andere aandeelhouders, zou de zeggenschap van de KLM ruim boven de 19 procent uit torenen - om precies te zijn ongeveer 25 procent. De beschermingsconstructie maakte dit nu onmogelijk. De KLM zou na uitoefening van de optie onmiddelijk aandelen moeten verkopen om maar onder de grens van 19 procent te blijven. De gedwongen verkoop zou voor de KLM minder lucratief zijn en daar was men niet over te spreken.

Hoewel de samenwerking in operationeel opzicht goed liep, was er in strategisch-bestuurlijk opzicht sprake van een crisis. Daarmee kwam de samenwerking onder steeds grotere druk te staan. NWA had de KLM-leiding klemgezet. Het was buigen of barsten. Zonder NWA kon de KLM haar ambities als *global carrier* nooit waarmaken. Ook zou de KLM daardoor minder aantrekkelijk worden voor een Europese partner.

Dat de KLM-leiding de handschoen oppakte moet tegen deze achtergrond als verrassend en gedurfd worden gezien. Men had op het eerste gezicht meer te verliezen dan te winnen. Pieter Bouw wilde echter het optierecht behouden. Het ging de KLM vooral om de rechtsgeldigheid van de actie van NWA. Een langdurige rechtszaak zou de relatie tussen beide partijen zeker niet ten goede komen. Toch koos de KLM voor de aanval.

In februari 1996 maakte de KLM-leiding bekend dat het KLM-smaldeel binnen de NWA *board* vervangen zou worden door niet-KLM toezichthouders. Bouw, Abrahamsen en Van Wijk zouden door drie onafhankelijke nieuwe leden worden vervangen. Om paniekvoetbal en onjuiste interpretaties te voorkomen werd nadrukkelijk gesteld dat daarmee niet de eerste stap op weg naar een 'ontkoppeling' van NWA werd gezet. In de woorden van een KLM-woordvoerder:

"Gezien de huidige relatie tussen de oorpronkelijke aandeelhouders is het lidmaatschap van de board of directors van Northwest niet langer te verenigen met het lidmaatschap van het KLM-bestuur."

Bron: NRC Handelsblad, "KLM-topman stapt op bij Northwest", 24 februari 1996.

Verliefd, verloofd ..... gescheiden?

De relatie leek een dieptepunt te hebben bereikt. Kon de 'verloving' tussen KLM en NWA nog gered worden? Waar vrijwel alle andere luchtvaartmaatschappijen met mondiale ambities op zoek waren naar een bijna-huwelijk als dat van KLM/NWA, daar waren beide kemphanen druk in de weer om elkaar het leven zuur te maken. Dasburg ging in een paginagroot artikel in *De Telegraaf* frontaal in de aanval:

"De KLM is in de alliantie de agressor, zeer agressief, wellicht er op uit om de samenwerking te laten stranden. Niet wij zijn naar de rechter gestapt tegen de wil van de meerderheid van de aandeelhouders in [KLM had als gevolg van de gang van zaken juridische actie ondernomen, PKJ]. Niet Northwest wordt in allerlei berichten genoemd als partner voor mogelijke nieuwe allianties......

Wij van Northwest willen maar één ding: de alliantie snel verder uitbreiden. Maar niet zoals de KLM dat wil met een steeds groter belang en een groeiende KLM-zeggenschap in Northwest. Het is ons duidelijk dat de KLM maar één ding wil: Northwest onder controle krijgen. Wij wapenen en verzetten ons tegen zo'n overval. Het is onze mening dat het succes van de alliantie niet afhangt van meer of minder zeggenschap van de een in de ander.

Ik heb Pieter Bouw diverse malen persoonlijk en ook namens de raad van bestuur gevraagd niet meer te investeren in een groter belang in Northwest. Toen dat toch gebeurde en Pieter ronduit zei 'we doen het toch' is de achterdocht gekomen. Nadien is er in de alliantie wat veranderd."

"Het is helemaal niet gezegd dat de KLM de verkregen optie op de aandelen moet vergeten. Maar dat is pas in 1998 aan de orde. Als de KLM nu al een schade noemt van $150 miljoen, op basis van de huidige dagwaarde, is dat schreeuwen voor je geslagen wordt."

"Als het tot een breuk komt, hoeven we ons niet in het minst zorgen te maken. Onze netwerken in de VS maar ook in de Pacific en sinds vorige week onze veelbelovende alliantie met Air China, hebben de interesse van meerdere maatschappijen in Europa. We zullen daar niet lang naar een nieuwe partner hoeven zoeken."

"De alliantie met de KLM is voor ons belangrijk. We hebben er veel energie en ook geld in geïnvesteerd. Maar iedere alliantie is gebaseerd op vertrouwen; dat lijkt verdwenen."

"De KLM heeft ons inderdaad uit de problemen geholpen. Maar dat is ook niet voor niets gebeurd, er is een goed rendement op het geïnvesteerde kapitaal. De alliantie draagt jaarlijks ook $150 miljoen bij aan het KLM-resultaat; de bijdrage van de alliantie aan het Northwest-resultaat is $50 miljoen op jaarbasis. Als een alliantie dat soort bedragen jaarlijks financieel toevoegt, is het toch heel merkwaardig om dan bijvoorbeeld die optie van eenmalig $150 miljoen breekpunt te laten zijn?"

Bron: De Telegraaf, "Topman John Dasburg ziet onderling vertrouwen verdwijnen", 1 mei 1996.

Het conflict ging ondertussen de hele wereld over. In *Fortune*, het invloedrijke tijdschrift van Time Inc., werd uitvoerig op de zaak ingegaan. Ook de internationale kranten 'zoomden' in op het conflict. Hierdoor werd het vuurtje alleen maar meer opgestookt. Iedereen had immers zo z'n eigen interpretatie van de problematiek. Voor de leiding van NWA stond vast dat een verdere verdieping van de langetermijnrelatie alleen maar mogelijk was indien de leiding van de KLM de rechtszaken zou annuleren.

De KLM-leiding moest langzaam maar zeker een toontje lager zingen. Het bedrijfsresultaat van de KLM was in de loop der tijd in sterke mate afhankelijk geworden van de resultaten van NWA. De recordwinst over het jaar 1995/1996 - 547 miljoen gulden - werd vooral behaald dankzij de positieve resultaten bij de deelnemingen in het algemeen en NWA in het bijzonder. Als luchtvaartmaatschappij maakte de KLM in operationeel opzicht een minder gelukkige ontwikkeling door. De bruto kosten stegen aanmerkelijk sterker dan de inkomsten. Het eerste kwartaal van KLM's gebroken boekjaar 1996/1997 - april, mei en juni - bevestigde deze trend. Men begon steeds afhankelijker te worden van NWA. Beide partijen bleven dan ook intensief met elkaar overleggen hoe uit de impasse te geraken. De rest van 1996 werd over en weer de vredespijp gerookt. Bouw was echter niet bereid de gerechtelijke aanklachten tegen NWA in te trekken.

Ook de concurrentie begon zich ondertussen te roeren. British Airways en American Airways waren eveneens in de weer met het optuigen van een indrukwekkende, vergaande transnationale alliantie. Hoewel deze alliantie nog door Brussel, Londen en Washington moest worden goedgekeurd, zette het voornemen van de beide reuzen de nodige druk op de ketel. Het aanvankelijke KLM/NWA-voordeel van 'exclusiviteit' begon te verdwijnen. Ook Swissair en Delta Airlines en Lufthansa en United Airlines genoten ondertussen van het concurrentievoordeel van anti-trust immuniteit. KLM en NWA begrepen goed dat er iets moest gebeuren. Het onderlinge gekrakeel inzake de aandeelhoudersrelatie moest niet ten koste gaan van de operationele samenwerking die nog steeds succesvol verliep. De toekomstige concurrentiestrijd in de luchtvaart zou vooral op het terrein van de operationele samenwerking tussen verschillende partners beslecht worden. Bouw en Dasburg waren zich terdege bewust van de 'lange mars' die beide partijen hadden ondernomen om tot die goede operationele samenwerking - inclusief de gerealiseerde resultaten - te komen. Het conflict mocht dan wel ernstig zijn, de barst in de relatie was niet onherstelbaar.

In de tweede week van januari 1997 werd Northwest door het New Yorkse hooggerechtshof in het gelijk gesteld inzake een eis van de KLM om een beperking van haar invloed als aandeelhouder ongeldig te verklaren. Het ging in het bijzonder om de door de andere aandeelhouders genomen beslissing (exclusief de KLM) om de aandeelhoudersovereenkomst te wijzigen en wel op twee punten. Het vetorecht op alle belangrijke beslissingen van Northwest verdween evenals de verplichting om de aandelen bij verkoop eerst aan de bestaande aandeelhouders aan te bieden. Op deze manier wilde men voorkomen dat de KLM controle over NWA zou kunnen krijgen. KLM had daarmee de eerste slag verloren. Toch was de reactie van de KLM perspectiefvol. De uitspraak zou goed bestudeerd worden:

"Maar wellicht dat de uitspraak ook kan helpen om uit de impasse te komen, waarvoor de KLM al eerder ook allerlei initiatieven heeft genomen."
Bronnen: NRC Handelsblad, "KLM verliest eerste slag van partner Northwest", 13 januari 1997; De Telegraaf, "KLM verliest rechtszaak over invloed bij Northwest", 13 januari 1997.

Daarmee was de kous nog niet af. Bij het Amerikaanse gerechtshof in Wilmington in de staat Delaware was een tweede procedure tegen NWA aangespannen. Het ging hier om de beperking van het stemrecht van de KLM tot 19 procent. De eis van KLM tegen NWA inzake de beschermingsconstructie werd op alle onderdelen ontvankelijk verklaard. Daarmee werd de KLM in het gelijk gesteld. Hoewel NWA 'op punten voorstond', sprak de KLM over een uitstekende basis voor vervolgstappen. Men overwoog onder het motto 'wat niet is kan nog komen' tegen het vonnis inzake het voorkeursrecht en het vetorecht in beroep te gaan. De strijd was nog niet beslecht.

Het samenlevingscontract

Voor buitenstaanders was het echter vechten tegen de bierkaai. KLM vocht in de achtertuin van NWA, kende het Amerikaanse speelveld minder goed en was nu eenmaal actief in een politiek gevoelige bedrijfstak. *Fortune* vatte de verschillen tussen beide maatschappijen treffend samen: *The two agendas mix like wooden shoes at a Hollywood gala.* Van enige chemie leek geen sprake meer te zijn. De topmannen van beide maatschappijen gingen al sinds november 1995 rollebollend over straat. Hoe de onderlinge verhoudingen - laat staan persoonlijke verhoudingen - ooit weer genormaliseerd zouden kunnen worden, was menigeen een raadsel. Een voor beide partijen plausibele schikking zou een uitweg kunnen zijn en een begin van een nieuwe periode van onderling vertrouwen. De vraag was dan ook: wie doet daartoe een aanzet en hoe ziet die aanzet eruit?

De spanningen tussen KLM en NWA moesten eveneens om een andere reden naar het Rijk der Filistijnen worden verwezen. Het liberaliseringsvirus begon ook in Europa langzaam maar zeker om zich heen te grijpen. Diverse Europese maatschappijen zochten elkaar op, maar de KLM-top was een groot deel van haar schaarse tijd in de weer met een partner waarmee het maar niet wilde klikken. Daardoor dreigde men in strategisch opzicht in het Europese luchtruim, KLM's thuismarkt, de boot te missen. Het dominosteen-effect in optima forma. Het feit dat het maar niet wilde lukken in Europa had mede te maken met het feit dat het niet wilde lukken met NWA. Dat zat ook KLM's Europese gesprekspartners niet lekker. En juist in Europa had de KLM nog een lange weg te gaan.

De ruzie tussen de beide kemphanen werd in juli 1997 bijgelegd. KLM zou haar 19%-belang verkopen en in plaats daarvan een commercieel en operationeel lange termijn samenwerkingscontract met NWA sluiten. Het lange termijn samenwerkingscontract had onder meer betrekking op routes, vracht en marketing. Beide partijen kregen een zetel in elkaars raad van commissarissen. De operationele en commerciële samenwerking zou uitgebreid worden. Northwest Airlines kocht de aandelen terug voor $40 per stuk. De totale opbrengst bedroeg $1,17 miljard, ongeveer 2,5 miljard gulden. De aandelen zouden in de loop der tijd worden verkocht. De door *Het Financieele Dagblad* geraamde boekwinst bedroeg 1,75 miljard gulden. Alle partijen waren blij dat er een akkoord was. De twee tegen NWA aangespannen rechtszaken verdwenen van tafel. De lucht begon weer op te klaren.

De deal met NWA was ook een opsteker voor Leo van Wijk. Hij was sinds 1 augustus 1997 de nieuwe president van de KLM. Ook Pieter Bouw moet blij zijn geweest met het akkoord. Hij kon daardoor 'in stijl' afscheid nemen. De hoogste leiding van de KLM had eindelijk weer tijd voor andere zaken. Het had allemaal net iets te lang geduurd.

Financieel was de KLM er op het eerste gezicht goed uitgesprongen, hoewel het kwantificeren van *opportunity costs* natuurlijk altijd een lastige aangelegenheid is. Het opbouwen, managen en uitbouwen van de alliantie met NWA had veel tijd en energie gekost en ertoe geleid dat enkele vergaande Europese samenwerkingsverbanden (met respectievelijk British Airways en - in het kader van 'Alcazar' - SAS, Swissair en Austrian Airlines) geen doorgang hadden kunnen vinden. Op het 'tweede gezicht' kan er dus een vraagteken bij de financiële en strategische dimensie van de alliantie met NWA worden geplaatst. KLM en NWA kwamen om de haverklap met integratieplannen die net zo snel weer van tafel verdwenen. Veel initiatieven werden niet opgepakt dan wel bleven veel te lang louter in de stijgers staan. De veelvuldig aangekondigde samenwerking tussen de vrachtdivisies van KLM en NWA is hiervoor indicatief.

De hernieuwde samenwerking werd in september gevierd. Er heerste een opgeluchte stemming. KLM moest genoegen nemen met een samenlevingscontract. De KLM-leiding moet niettemin blij zijn geweest dat de *challenge* NWA even van hun *radarscreen* was verdwenen. En dat was nodig ook. Van Wijk had zijn tijd hard nodig, want er verschenen nieuwe uitdagingen aan de horizon: de zoektocht naar een Europese partner (die maar niet wilde lukken), het nieuwe reorganisatie- annex kostenbezuinigingsprogramma Focus 2000 (dat door tegenspartelende vliegers vertraging opliep), het opvoeren van de opbrengsten (met de kernactiviteit 'vliegen' werd te weinig geld verdiend) en een dichtslibbend Schiphol dat steeds vaker op de overvolle agenda van de nationale politiek kwam te staan. Het bordje van Van Wijk lag daarmee behoorlijk vol.

Schiphol

Het groeipotentieel van Schiphol begon hoe langer hoe meer als discussiepunt op te spelen. Het groeitempo van luchthaven Schiphol zou een verdere verdieping van de alliantie in de weg kunnen staan.

Dasburg had daar al in een eerder stadium op gewezen. Van Wijk was daarover aanvankelijk nog optimistisch, maar dankzij op- en aanmerkingen van Dasburg wel een gewaarschuwd mens. De leiding van NWA kon het niet laten bij herhaling te wijzen op het feit dat de geluid- en milieubeperkingen op Schiphol als ontbindende voorwaarde waren opgenomen in de nieuwe overeenkomst met de KLM. Het toekomstige succes van de samenwerking werd daarmee afhankelijk gemaakt van de groei van Schiphol:

"[Van Wijk, PKJ] In het slechtste geval zitten we dus bij beperkingen van de groei op Schiphol zonder een Amerikaanse partner. En daarmee is het ook gedaan met een wereldwijde alliantie.......... Groei op Schiphol is van vitaal belang voor onze alliantie."

"[Dasburg, PKJ] In onze alliantie is het cruciaal dat de KLM onbeperkt toegang heeft tot de belangrijkste luchthavens in de Verenigde Staten. Voor Northwest geldt dat omgekeerd voor Schiphol. De grote luchthavens zijn in ons netwerk de fabrieken waar de beste verbindingen voor onze passagiers worden gemaakt. In feite schuilt daarin de concurrentiekracht."
Bron: De Telegraaf, "Northwest stelt messcherpe voorwaarden aan Schiphol", 30 september 1997.

Eventuele beperkingen zouden verder haaks staan op het tussen de Verenigde Staten en Nederland gesloten *open skies agreement*. In het *open skies agreement* staan Nederland en de Verenigde Staten een onbeperkt aantal landingsrechten toe op elkaars grondgebied. Schiphol zou weleens tot de *killer bee* van de combinatie uit kunnen groeien.

In februari 1998 werd de combinatie KLM/NWA als beste luchtvaartmaatschappij ter wereld (over 1997) uitgeroepen, een opsteker van jewelste. Het was voor het eerst dat deze eer - de 'Oscar voor de luchtvaartwereld', georganiseerd door het blad *Air Transport World* - aan een alliantie werd toegekend. De alliantie was ondanks de vele spanningen blijkbaar nog steeds een voorbeeldfunctie voor de luchtvaartindustrie.

KLM's zoektocht naar een Europese partner had eindelijk succes, althans daar leek het verrassend veel op. Met Alitalia leek het de goede kant op te gaan. Dit tot grote vreugde van NWA. NWA had een sterke voorkeur voor Alitalia als partner, omdat daarmee twee nieuwe Europese hubs (na Schiphol) aan de hubs van NWA in de Verenigde Staten konden worden toegevoegd. Via het centraal gelegen Milaan en Rome zou Zuid-Europa beter bewerkt kunnen worden.

De ontwikkelingen volgden elkaar in rap tempo op. KLM en NWA waren van mening dat het tijd werd het geografische werkterrein te verruimen. Azië werd het toverwoord. De op dat moment actuele financiële crisis zou weleens in het voordeel van de combinatie NWA/KLM uit kunnen pakken. Leo van Wijk had er in ieder geval alle vertrouwen in:

"De Aziatische maatschappijen realiseren zich ook dat zij op eigen houtje op termijn niet kunnen overleven. Als ze straks ook bij een van de vier of vijf wereldwijde allianties willen horen, zullen ze snel moeten handelen. Dus ik verwacht dat we dit jaar veel aansluitingen zullen zien van Aziatische maatschappijen bij allianties die nu nog bestaan uit Europese en Amerikaanse maatschappijen."
Bron: NRC Handelsblad, "KLM-Northwest bekroond", 24 februari 1998.

De rol van Schiphol begon echter met de dag belangrijker te worden:

"De onzekerheid over de toekomst van Schiphol kan in dit opzicht heel gevaarlijk zijn. Want hoe leg ik [Van Wijk, PKJ] aan een Aziatische partner uit dat de KLM heel graag wil samenwerken, maar dat het nog even duurt voordat we dat in praktijk kunnen doen omdat er beperkingen aan onze activiteit op Schiphol bestaan? ..... Dat is onverkoopbaar, ook in Azië."
Bron: NRC Handelsblad, "KLM-Northwest bekroond", 24 februari 1998.

KLM/NWA had de alliantiepijlen gericht op Cathay Pacific. Men duelleerde met twee andere luchtvaartcombinaties om de gunst van deze *flag carrier* uit Hong Kong. Cathay Pacific was een interessante partij, want de maatschappij stond bij menigeen goed aangeschreven. De combinatie British Airways/American Airlines (waarover de Europese Commissie zich nog uit moest spreken) en de combinatie United Airlines/Lufthansa (ook wel de 'Star Alliance' genoemd) hengelden eveneens om Cathay Pacific. Daarbij ging het KLM/NWA niet alleen om Cathay Pacific, maar ook om haar luchthaven - Chek Lap Kok. Cathay's hub was modern en lag in geografisch opzicht centraal. Aan Cathay Pacific kon de combinatie KLM/NWA zich geen buil vallen. Het presteerde goed in financieel en operationeel opzicht en onderhield vele verbindingen met 'moederland' China.

Nieuwe uitdagingen

De keuze voor een volwaardige Aziatische partner werd echter verstoord door een 'uitdaging' van weer een geheel andere orde. De 6.200 piloten van NWA waren aan het einde van de zomer in staking gegaan, hetgeen het bedrijf per dag tussen de $12 en $15 miljoen aan inkomsten scheelde. Ongeveer 150.000 passagiers werden dagelijks door de staking getroffen.

Ook de KLM had last van de staking. Volgens een analistenrapport van *investment bank* en marktvorser Morgan Stanley kostte de pilotenstaking KLM ongeveer zes tot zeven miljoen gulden per dag. Volgens het rapport verloor KLM twaalf tot veertien miljoen gulden per dag. Dankzij de lagere operationele kosten en door het extra aanbod in verband met weggevallen NWA-vluchten ging het uiteindelijk om een dagelijks verlies van zes tot zeven miljoen gulden. De NWA-piloten gingen pas in de tweede week van september weer aan het werk. De staking had twee volle weken geduurd. Voor de KLM ging het volgens een schatting om een totale strop van ongeveer 50 miljoen gulden.

British Airways slaagde er in diezelfde periode in Cathay Pacific te bekoren. Daarmee visten KLM en NWA achter het net. Dat was tegen het zere been van beide partners, want men moest nog steeds een volwaardige Zuidoostaziatische partner ontberen. De KLM/NWA-alliantie moest het vooralsnog doen met Air China (waar NWA mee samenwerkte) en Malaysian Airlines (waar KLM een principe-akkoord mee had gesloten). KLM had voorts nog banden met Japan Air System, Nippon Cargo Airlines (beide uit Japan) en Garuda (uit Indonesië). Ook partner NWA onderhield nog uiteenlopende operationele samenwerkingsverbanden met verschillende Aziatische maatschappijen. Van een 'echte' blinde vlek kon dus moeilijk worden gesproken.

NWA herstelde zich knap van de pilotenstaking. Er werden in de daaropvolgende kwartalen goede resultaten geboekt en de bezetting van NWA's vliegtuigen sprak tot de verbeelding van menig luchtvaartanalist. De positieve ontwikkeling van het NWA-resultaat sorteerde eveneens positieve effecten voor de KLM. De afgelegde belofte werd eindelijk nagekomen.

De 58-jarige John Dasburg vond het zo langzamerhand wel mooi geweest. De door *Travel Magazine* in 1994 uitgeroepen *Man of the Year* in de luchtvaart, verliet na een lange periode *Chief Executive*

Officer te zijn geweest, de boeg van het NWA-schip. Hij ging terug naar zijn *roots* - het hotel- en restauratiewezen. Dasburg werd de nieuwe topman van hamburgerketen Burger King, de mondiale nummer twee na McDonald's. Hij was toe aan een nieuwe uitdaging. Daarmee kwam een einde aan een relatief stabiele factor in de zeer onstabiele relatie met de KLM. Dasburg slaagde er niet alleen in NWA meerdere malen overeind te houden, maar wist ook keer op keer de relatie met KLM te redden. De vele *ups* wisselden daarbij de vele *downs* in sneltreinvaart af. Volgens ingewijden klikte het vooral goed tussen de persoonlijkheden van Dasburg en Van Wijk. Dankzij die persoonlijke chemie liep het conflict uit de periode 1995-1997 niet uit de hand. De 'integrale samenwerking' - de strategische alliantie - werd een 'samenwerkingscontract voor langere termijn' - een operationele alliantie. Dat bleek achteraf een goed vertrekpunt te zijn voor een verdere uitbouw van het onderling vertrouwen en daarmee de relatie.

Noten

[1] De Soet zat al vanaf 27 juli 1972 in de directie. Vanaf 1973 was hij plaatsvervanger van president Orlandini.

[2] Zie hiervoor ook F.T. Knickerbocker, "Oligopolistic Reaction and Multinational Enterprise", Harvard University Press, Cambridge, Mass., 1973.

[3] J. Carlzon, "Moments of Truth", Harper Collins, New York, 1985.

[4] De Soet had zich met zijn andere directeuren als een ware pitbull terriër vastgebeten in de Amerikaanse luchtvaartmarkt. Hij zag daar veel eerder mogelijkheden dan in Europa.

"Ik wil er dit over zeggen - Het probleem ligt niet aan onze kant. Europa staat nog steeds bol van de nationale emoties: het EK-voetbal, het Songfestival, Holland-België. Het zijn geweldig ingewikkelde dingen waarover wij geen oordeel hebben, maar waarmee we wel worden geconfronteerd. Ook wij hebben te maken met groepen die zich met ons bemoeien. We zitten inderdaad in een glazen huis, vandaar dat we nooit met stenen gooien."
Bron: NRC Handelsblad, "KLM loopt spitsroeden bij zoeken naar fusiepartners", 19 april 1989.

[5] Uit het interview van De Soet met *NRC Handelsblad* kwam eveneens naar voren dat de KLM eerdere gesprekken met American Airlines had zien mislukken. Zie: NRC Handelsblad, "KLM loopt spitsroeden bij zoeken naar fusiepartners", 19 april 1989.

[6] In de Verenigde Staten spelen de vakbonden van luchtvaartmaatschappijen een sleutelrol bij het al dan niet lukken van overnames dan wel fusies. Een samengaan tussen NWA en Pan Am was voor de vakbonden van NWA een brug te ver en daarmee een interessante theoretische optie die echter nimmer gerealiseerd zou kunnen worden.

[7] Zie bijvoorbeeld Ph. Haspeslagh en D. Jemison, "Managing Acquisitions: Creating Value Through Corporate Renewal", The Free Press, New York, 1991. Zie ook: D. Jemison en S.B. Sitkin, "Acquisitions: The Process Can be a Problem", Harvard Business Review, Maart-April 1986; R.J. Aiello en M. Watkins, "The Fine Art of Friendly Acquisitions", Harvard Business Review, November-December 2000; J.E. McCann en R. Gilkey, "Joining Forces: Creating and Managing Successful Mergers and Acquisitions", Prentice-Hall, New Jersey, 1988; P.K. Jagersma, "Global Strategy", Inspiration Press, Brussels, 2000.

[8] KLM had overigens alleen al 70 *partnerships* zonder aandelenparticipaties op het terrein van onderhoud, training, catering, vracht- en passagiersafhandeling.

[9] Vooral de overname van Columbia Pictures, het paradepaardje van de Amerikaanse filmindustrie, door Sony, zette veel kwaad bloed.

[10] Zie hiervoor onder meer: P.K. Jagersma, "Multinationalisatie van Nederlandse dienstenondernemingen", Tilburg University Press, Tilburg, 1994.

[11] Zie: P.K. Jagersma, "De Fokker-Dasa-deal. De verkwanseling van de nationale vliegtuigindustrie", Veen, Amsterdam, 1994.

[12] Alberda van Ekenstein deed zijn uitlatingen tijdens een bijeenkomst in de *Netherland Club of New York*.

[13] Het jaarverslag van Air France over 1990 maakt bijvoorbeeld melding van het feit dat er op jaarbasis alleen al door Air France ongeveer 1,5 miljoen uren verloren waren gegaan vanwege files in de lucht.

[14] IATA had de prognoses gebaseerd op door 221 aangesloten luchtvaartmaatschappijen aangeleverde gegevens.

[15] Het bedrijf zat volgens het prospectus nog steeds diep (ruim $5 miljard) in de langetermijnschulden. De afbetaling van veel schulden was tot na 1997 uitgesteld. Ook waren orders voor nieuwe vliegtuigen afbesteld. Het ging daarbij om vliegtuigen met een totale waarde van $4 miljard.

[16] Zie ook K. Freiberg en J. Freiberg, "Nuts!: Southwest Airlines' Crazy Recipe for Business and Personal Success", Bard Press, Austin, 1996.

2. LAAGVLIEGEN MET BRITISH AIRWAYS

In oktober 1991 maakt de KLM-leiding bekend, met British Airways, de grootste luchtvaartmaatschappij van Europa, in gesprek te zijn. Men wilde fuseren. De plannen van de Europese Commissie om de Europese markt per 1 januari 1993 te liberaliseren zou tot een zeer felle concurrentieslag leiden. De KLM-leiding wilde hier met een fusie op anticiperen. Het zou de KLM op eigen kracht niet gemakkelijk worden gemaakt. De deregulering van het Amerikaanse luchtruim fungeerde in dit kader als aansprekend voorbeeld.

De in 1978 doorgevoerde deregulering had in de Verenigde Staten geleid tot een zeer felle concurrentieslag om marge en marktaandeel. Alleen al in de jaren tachtig werden in de Verenigde Staten meer dan vijftig fusies dan wel overnames tot stand gebracht. Vele tientallen luchtvaartmaatschappijen konden het niet bolwerken en gingen op de fles. Van alle nieuw opgerichte luchtvaartmaatschappijen (sinds de deregulering 178 in totaal) had welgeteld één maatschappij - America West - de jaren zeventig en tachtig overleefd (...) De Amerikaanse markt werd aan het begin van de jaren negentig gedomineerd door acht maatschappijen met een marktaandeel van ruim 90 procent, waarvan er drie in surséance van betaling verkeerden - Pan Am, TWA en Continental Airlines.

De Europese markt daarentegen was nog in sterke mate gereguleerd, waardoor de meeste routes exclusief door nationale luchtvaartmaatschappijen werden gevlogen. Vaste, hoge prijzen waren daarvan het gevolg. Deze voor nationale *carriers* plezierige gang van zaken zou vanaf 1 januari 1993 eindigen. Tegen een grote, sterke partner aanschuren is dan al snel een aantrekkelijke optie. Tegen deze achtergrond waren voor de KLM de gespierde armen van British Airways meer dan comfortabel.

Operatie 'Sahara'

De start van operatie 'Sahara' - de codenaam voor de fusie die een van 's werelds grootste luchtvaartmaatschappijen moest opleveren - was veelbelovend. De concernstrategie van beide ondernemingen sloot naadloos op elkaar aan. Beide maatschappijen hadden een sterke marktpositie op de belangrijke transatlantische routes. British

Airways vloog op twintig Amerikaanse bestemmingen. KLM voegde daar zeven bestemmingen aan toe. Het transatlantische routenetwerk was daarmee sterk met alle schaal- en rationalisatievoordelen van dien. De transatlantische marktpenetratiestrategie zou hierdoor effectiever en efficiënter ten uitvoer gebracht kunnen worden.

In de rest van de wereld waren beide luchtvaartmaatschappijen complementair. British Airways had een sterkere positie in Europa. KLM zou daarmee haar positie in Europa aanmerkelijk kunnen versterken. Dit was belangrijk, want de KLM had slechts een marktaandeel van 2,6 procent op de Europese markt. De fragiele Europese marktpositie van de KLM was al langer een heet bestuurlijk hangijzer. De positie in Europa - vooral met het oog op de magische cijfercombinatie '1992' de nieuwe thuismarkt - moest aanmerkelijk worden versterkt. De KLM-leiding werd wat dat betreft geïnspireerd door het Pan Am-debacle. De ondergang van het roemruchte Pan Am was voor een niet onbelangrijk deel te wijten aan het feit dat deze Amerikaanse luchtvaartmaatschappij door de jaren heen vooral haar Amerikaanse thuismarkt sterk had verwaarloosd. KLM zou nooit in zo'n situatie terecht mogen komen. 'Europa' stond dan ook hoog op de bestuursagenda van de KLM.

Europa was de thuismarkt van de KLM. De allianties met en participaties in Air UK, Transavia en Air Littoral werden vooral door deze opvatting - het verruimen van het Europese marktaandeel - gevoed. Dankzij deze allianties had de KLM haar marktaandeel in Europa weten te verdubbelen. Het zou alleen wel wat sneller mogen gaan. Een vergaande alliantie met British Airways zou tegemoet komen aan de ambitieuze geografische groeistrategie van de KLM. Topman Pieter Bouw had al in 1991 aangegeven dat hij streefde naar een Europees marktaandeel van om en nabij de tien procent tegen het jaar 2000. De latere topman, Leo van Wijk, stelde in *De Wolkenridder*, het huisblad van de KLM, onomwonden dat dit marktaandeel al binnen vijf jaar gehaald moest worden. Voor het jaar 2000 zou de KLM zelfs een marktaandeel van vijftien procent moeten veroveren. De deelnemingenstrategie in kleine regionale *carriers* was daarvoor volstrekt ontoereikend. Een samengaan met een van de grotere Europese *carriers* lag daarmee min of meer voor de hand.

De KLM heeft zich door de jaren heen bijna altijd meer tot de Britten aangetrokken gevoeld dan welke andere grote Europese top-5 partij (Lufthansa, Air France, Iberia, Alitalia) dan ook. Daar kwam bij dat

British Airways marktleider was op de Europese markt voor korte-afstandsvluchten (British Airways had een Europees marktaandeel van maar liefst 13,2 procent). De overeenkomstig geoutilleerde luchtvloot van de KLM en British Airways zou een en ander kunnen faciliteren. Er waren tussen de beide luchtvaartreuzen vanuit productie-technisch oogpunt vele overeenkomsten te bespeuren.

KLM had een sterkere positie op de routes in het Verre Oosten. Dat zou weer aantrekkelijk zijn voor British Airways. Zowel de KLM als British Airways hadden de beschikking over een belangrijke 'hub', respectievelijk Schiphol en Heathrow. Vooral voor British Airways was Schiphol meer dan zomaar een luchthaven. De thuishaven Heathrow was namelijk overvol. British Airways was om diezelfde reden (een tweede luchthaven) geïnteresseerd in een alliantie met zuiderbuur Sabena (luchthaven Zaventem was volgens British Airways eveneens een 'groeidiamant'). Een alliantie met dan wel een overname van Sabena was echter lang niet zo aantrekkelijk als een vergaande alliantie met de KLM. Sabena was al sinds jaar en dag een inefficiënte, slecht geleide en verliesgevende luchtvaartmaatschappij die haar voortbestaan louter en alleen aan overheidssubsidies had te danken.

KLM had Schiphol, een van de meest gewaardeerde luchthavens ter wereld. Schiphol zou een tweede thuishaven kunnen zijn op het Europese vasteland. De congestie op Heathrow begon dramatische vormen aan te nemen en op Schiphol was nog voldoende uitbreidingscapaciteit beschikbaar. Daar kwam als 'toetje' bij, dat de KLM na Singapore Airlines over de jongste vloot ter wereld beschikte. Ook dat was voor British Airways een aantrekkelijk gegeven.

Beide luchtvaartmaatschappijen waren daarnaast bij het internationale reserveringssysteem 'Galileo' aangesloten (hetgeen de integratie van de vluchtschema's zou vereenvoudigen). De leiding van zowel British Airways als KLM was bovendien een fervent voorstander van het liberaliseren van de Europese luchtvaartmarkt. Verder wilden beide luchtvaartmaatschappijen als particuliere onderneming opereren, hoewel de Nederlandse overheid op dat moment nog wel voor 38 procent mede-eigenaar was van de KLM. British Airways was voor 100 procent in particuliere handen.

Ten slotte was er sprake van een overeenkomstige pragmatische bedrijfscultuur, een succesfactor in meer Brits-Nederlandse samenwerkingsverbanden. Unilever en Shell zijn mede om die reden succesvolle fusies - zo men wil integrale samenwerkingsverbanden - geworden.

Het Shell-model

Het Unilever- en Shell-model, het 'houdstermaatschappij-model', fungeerde van meet af aan als bestuurlijk en organisatorisch vertrekpunt. Twee ondernemingen kunnen in dat geval onder eigen naam blijven opereren. In een politiek gevoelige bedrijfstak als de luchtvaart is dit van groot belang. Nationale sentimenten spelen een grote rol. Een pure overname in de theoretische zin des woords kwam *nicht im Frage*. De KLM zou nooit een 'filiaal' van British Airways willen worden.

British Airways en KLM zouden middels een houdstermaatschappij boven de respectieve operationele ondernemingen hun identiteit en relatieve zelfstandigheid niet noodzakelijkerwijs hoeven te verliezen. Unilever en Shell werkten met een soortgelijke constructie. Vrijheid in gebondenheid. De kunst is het juiste evenwicht te vinden tussen 'vrijheid' aan de ene kant en 'gebondenheid' aan de andere kant. Dit is van meet af aan een uitdaging geweest, omdat British Airways driemaal zo groot was als de KLM en daarmee in beginsel nooit zou instemmen met een gelijke verdeling van de zeggenschap in de houdstermaatschappij. Deze 'donkere wolk' heeft vanaf het begin de onderhandelingen overschaduwd. Het heeft de besprekingen in sterke mate bemoeilijkt.

Ook het behoud van de vaak na veel overleg verkregen bilaterale landingsrechten speelden in dit verband een hoofdrol. Deze landingsrechten zijn vaak na intensief beraad tussen twee overheden tot stand gekomen. Zo mag bijvoorbeeld de KLM op verschillende Amerikaanse steden vliegen. Dat wil echter geenszins zeggen dat dergelijke rechten automatisch overgaan op een gefuseerde partner van de KLM. Luchtvaartpolitiek gezien is een grensoverschrijdende fusie juist om deze reden vaak een onmogelijkheid. De onderhandelingen met de Amerikaanse overheid zouden weleens van meet af aan opnieuw moeten worden opgestart. Een *joint venture* constructie à la Shell en Unilever biedt in dergelijke gevallen uitkomst. Waar echter de oorspronkelijke Britse en Nederlandse 'voorouders' van Shell en Unilever ongeveer even groot waren, daar was British Airways maar liefst driemaal zo groot als de KLM. De asymmetrie in omvang leek op het eerste gezicht een werkbare en succesvolle Unilever/Shell-constructie in de weg te staan.

De Unilever/Shell-constructie was niettemin het enige voor de hand liggende aanknopingspunt voor de beide maatschappijen. In concreto: Shell heeft twee nationale moedermaatschappijen: de Koninklijke Nederlandsche Oliemaatschappij in Nederland en de Shell Transport and Trading Company in Engeland. Onder deze twee moedermaatschappijen is een houdstermaatschappij gelokaliseerd. Deze houdstermaatschappij bezit alle activa van het concern. Koninklijke Olie heeft de meerderheid: 60 procent. Shell heeft een aandeel van 40 procent in de holding. British Airways en de KLM zouden op deze manier hun identiteit kunnen behouden. British Airways zou een meerderheid in de houdstermaatschappij krijgen. Het dividend zou vanuit de houdstermaatschappij evenredig over de beide moedermaatschappijen worden verdeeld. (Pieter Bouw gaf na het mislukken van de besprekingen toe, dat het probleem van de landingsrechten langs deze weg was opgelost.) De samenwerking had sowieso de vorm van een *joint venture* gekregen.

Ook ABN Amro en de ING Groep hebben in het begin van de jaren negentig tijdens hun respectievelijke fusies van de houdstermaatschappij-constructie gebruik gemaakt. Dankzij de overkoepelende houdstermaatschappijen konden de fusiepartners hun eigen identiteit behouden en waren de fusies zonder al teveel emotionele voetangels en klemmen handen en voeten te geven.

De rol van de Nederlandse overheid moet in dit kader niet worden onderschat. In de praktijk mocht de KLM-leiding dan wel een 'particulier' bedrijf zijn, in het 'heetst van de strijd' had de Nederlandse overheid via allerlei vormen van bijzondere staatssteun en bij monde van de nodige commissarissen veel invloed. De Nederlandse overheid benoemde op dat moment zes van de elf commissarissen en had daarmee een meerderheid in de raad van commissarissen. De invloed van de Nederlandse overheid op het operationele reilen en zeilen had niet alleen betrekking op het feit dat men de meerderheid aan commissarissen leverde, maar ook op het recht de meerderheid van de aandelen in de KLM terug te krijgen dankzij een zogenaamde optie in preferente aandelen. Dat was reeds in het midden van de jaren tachtig afgesproken toen de Nederlandse Staat haar KLM-belang reduceerde tot 38,2 procent. De minister van verkeer en waterstaat mocht in goed overleg met de minister van financiën van de optie gebruik maken. De belangrijkste randvoorwaarde was dat door deze transactie het financieringstekort niet vergroot mocht worden. Het effectueren van de optie was een peuleschil: de Nederlandse Staat hoefde slechts kenbaar te maken dat men van de optie gebruik wenste te maken.

Meer in het algemeen geldt dat de luchtvaartsector in sterke mate een door nationale overheden vormgegeven bedrijfstak is. Uiteindelijk controleren nationale overheden de internationale luchtvaartindustrie. Het optuigen van de British Airways-KLM-houdstermaatschappij zou nimmer zonder de inbreng van de beide nationale overheden plaats kunnen vinden. Het bezitten van internationale landingsrechten is (en blijft vooralsnog) het resultaat van onderhandelingen tussen nationale overheden in plaats van nationale luchtvaartmaatschappijen (als British Airways en KLM). En internationale luchtvaartmaatschappijen bestaan nog steeds bij de gratie van internationale landingsrechten. Daarmee speelden niet alleen de Nederlandse en de Britse overheid een belangrijke rol bij het al dan niet doorgang vinden van de fusie, maar ook andere overheden waarmee men internationale overeenkomsten had gesloten.

Waardering

Beide ondernemingen hadden uiteenlopende doelstellingen. Voor British Airways was maximalisatie van de *shareholders value* van groot belang. British Airways had in de jaren daarvoor een ingrijpende herstructurering ondergaan. Het bedrijf was voorts geprivatiseerd. Voor de leiding van British Airways was het min of meer voor de hand liggend dat de waardering van de respectievelijke ondernemingen op basis van de beurswaarde zou plaatsvinden.

KLM en British Airways konden het al vrij snel niet eens worden over de economische waarde van beide maatschappijen en de financiële injectie van British Airways in de noodlijdende KLM-partner Northwest Airlines. KLM wilde per se geen filiaal van British Airways worden en wenste daarom in de nieuwe onderneming een belang van 40 procent. De leiding van British Airways dacht eerder aan een verhouding 80 (British Airways)/20 (KLM). Met minder dan 70 procent wilden de Britten in elk geval geen genoegen nemen, zo meldde onder meer de *Financial Times*. De *Financial Times* baseerde zich daarbij op functionarissen die nauw bij de onderhandelingen waren betrokken. De stellingname van de Britten was begrijpelijk. British Airways had een beurswaarde van 2,25 miljard pond, ruim drieëneenhalf keer zoveel als de 2 miljard gulden van de KLM. Op basis van de beurswaarde zou KLM een belang van maximaal 25 procent in de houdstermaatschappij hebben kunnen krijgen.

Het ging om niet geringe verschillen. Verschillende waarderingscriteria waren voor deze uiteenlopende waarderingen verantwoordelijk. British Airways ging zoals gezegd uit van de beurswaarde, een relatief objectieve maatstaf. KLM ging uit van de 'strategische' waarde van het concern inclusief de deelnemingen. De KLM-leiding hanteerde daarmee een meer subjectieve maatstaf. De KLM-leiding heeft er van meet af aan op gestaan, dat het aanzienlijke leeftijdsverschil van de luchtvloot (gemiddelde leeftijd KLM vier jaar tegen British Airways twaalf jaar) en de toegevoegde waarde van het Northwest Airlines-belang, meegenomen moest worden in de onderhandelingen en de waardering van de inbreng van beide partijen in de houdstermaatschappij. De onderhandelaars van British Airways konden daar maar weinig waardering voor opbrengen. Ook gedurende de onderhandelingen lukte het maar moeizaam nader tot elkaar te komen.

Voor de KLM-leiding was de waardebepaling een rationele en emotionele lakmoesproef. Een bijna gelijkwaardige verhouding in de houdstermaatschappij van de beide ondernemingen zou een garantie bieden tegen overheersing van de KLM door de veel grotere partner. De toon was daarmee gezet.

Northwest Airlines: struikelblok pur sang

De op dat moment zwaar verliesgevende deelneming in Northwest Airlines vormde een complicerende factor. KLM stond erop dat British Airways fors in de Amerikaanse partner zou gaan investeren. KLM had reeds een belang van 20 procent. British Airways had geen belang in Northwest Airlines. Northwest Airlines zou de financiële injectie goed kunnen gebruiken. Het bedrijf zat op zwart zaad. Northwest Airlines had te maken met een verouderde vloot, stond op het punt nieuwe vliegtuigen aan te kopen en had acquisitieplannen die eveneens de nodige *financial resources* vereisten. Volgens *insiders* streefde Northwest Airlines naar een kapitaalinjectie van om en nabij de $1,3 miljard.

Politiek-strategisch gezien was Northwest Airlines voor British Airways een interessante partner. British Airways moest op dat moment nog een partner op de Amerikaanse markt ontberen. Met een deelneming in Northwest Airlines zou meer dan een *foothold* op de Amerikaanse markt worden verkregen. Northwest Airlines behoorde immers tot de grootste luchtvaartmaatschappijen (nummer vier) van de Verenigde Staten. Boze tongen beweerden in die dagen dat het Lord King, topman van British Airways, niet zozeer ging om de voordelen van samenwerking met de KLM, maar vooral om het verkrijgen van toegang tot de Amerikaanse markt. De beide tortelduifjes waren het echter volstrekt oneens over de prijs die van Britse zijde voor een belang in Northwest Airlines betaald zou moeten worden. Daar kwam nog eens bij dat de grootaandeelhouders in Northwest Airlines niet bereid waren hun aandelenbelang (dan wel een deel daarvan) van de hand te doen.

KLM en British Airways verschilden niet alleen op het strategische vlak van mening met elkaar. Ook op het meer operationele vlak verliepen de onderhandelingen niet soepel. De Nederlandse vakbonden fulmineerden bijvoorbeeld voortdurend tegen de veel grotere concurrent. British Airways zou bijvoorbeeld een veel minder 'werknemersvriendelijk' beleid voeren. De vakbonden vreesden dat de arbeidsvoorwaarden en -verhoudingen door een samengaan met British Airways aanzienlijk zouden verslechteren. Verder werd er gedurende de onderhandelingen voortdurend gespeculeerd over massa ontslagen en andere onplezierige aangelegenheden. De Vervoersbond FNV sprak dan ook consequent over een 'regelrechte overname' in plaats van een samengaan van twee gelijkwaardige partijen.

In zeker opzicht waren dit soort geluiden begrijpelijk. Van de twee luchtvaartmaatschappijen was British Airways veruit het productiefst. De 55.000 British Airways-medewerkers waren verantwoordelijk voor een omzet van ongeveer 17,5 miljard gulden, terwijl 25.000 KLM-medewerkers 6,5 miljard gulden omzetten. De gemiddelde omzet van de British Airways-medewerker was daarmee fors hoger. Dergelijke aantoonbare verschillen zijn doorgaans een gunstige voedingsbodem voor conflicten op het terrein van het door een nieuwe combinatie te voeren sociale beleid. Iedere fusie moet immers leiden tot (kosten)voordelen. De vraag is dan altijd: waar komen die voordelen vandaan? In goed Nederlands: waar vallen de klappen?

De KLM-leiding heeft met de mislukte fusiebesprekingen met British Airways een kans voor open doel gemist. British Airways had meer rekening kunnen houden met de additionele toegevoegde waarde van Schiphol (tweede luchthaven), de veel jongere KLM-vloot en het belang in Northwest Airlines. Dat neemt niet weg dat de KLM in zowel financieel, strategisch, productie-technisch (een overeenkomstige vloot) als cultureel opzicht in sterke mate *compatible* was met British Airways. De KLM-leiding wilde echter

First Class (de 60/40-verhouding) blijven vliegen, terwijl er niet meer dan Economy Class (de 80/20- en wellicht 75/25-verhouding) in zat.

Ook wilde de KLM-leiding - naast een deelneming van 40 procent in de overkoepelende holdingmaatschappij - een aantal vetorechten. Men wilde het vetorecht over belangrijke beslissingen. Hierbij moet in het bijzonder worden gedacht aan beslissingen op het gebied van het veranderen van de statuten, de merknaam, strategische benoemingen, grote investeringen, fusies en overnames, verplaatsing van onderdelen et cetera. Ook onenigheid met betrekking tot de vetorechten lag ten grondslag aan het opbreken van de besprekingen. Voor menig luchtvaartanalist onbegrijpelijk. De *Wall Street Journal* kopte niet voor niets: 'Als dit voor elkaar geschapen paar het niet eens kon worden, welk paar kan het dan wel?' De *Financial Times* was ook stellig in haar commentaar na het mislukken van de besprekingen: 'KLM heeft geen geloofwaardig alternatief; British Airways krijgt waarschijnlijk geen beter voorstel en kan rustig afwachten. De druk van de concurrentie kan de twee partijen over een jaar weer samenbrengen'.

Een 'non-item'

Het mislukken van de onderhandelingen liet de Britten klaarblijkelijk koud, want er werden relatief weinig woorden aan vuil gemaakt. Waar de Nederlandse kranten veel aandacht schonken aan het uit elkaar gaan van beide partijen, daar werd het niet doorgaan van de 'hemelse fusie' in Groot-Brittannië als een 'non-item' afgedaan. De enige Britse krant die prominent over het mislukken van de fusie berichtte was de 'internationale' *Financial Times*. De topman van British Airways, Lord King, vond het mislukken van de onderhandelingen zelfs geen persconferentie waard (...)

Een samengaan van British Airways en KLM zou overigens naar alle waarschijnlijkheid tot allerlei procedures hebben geleid. Sir Michael Bishop, toendertijd bestuursvoorzitter van British Midland, de tweede Britse lijndienstmaatschappij, tekende van meet af aan bezwaar aan tegen de voorgenomen fusie tussen British Airways en de KLM. British Midland was bang dat de nieuwe mega-*carrier* bepaalde routes volledig zou gaan domineren. Door deze monopoliepositie zou de prijs kunstmatig hoog blijven. Dit zou in strijd zijn met het door de Europese Commissie gekoesterde 'Algemeen Belang'. Daarmee zou de fusie indruisen tegen Artikel 85 van het EG-verdrag. Dit artikel verbiedt dat concurrentiebeperkende afspraken de handel tussen lidstaten beperken.

Artikel 85 werd de laatste jaren steeds strikter toegepast, waarbij de Europese Commissie zich in de regel weinig aantrok van het argument van de luchtvaartmaatschappijen, dat het artikel eigenlijk op de mondiale situatie van toepassing zou moeten zijn. De meeste 'nationale' luchtvaartmaatschappijen waren immers als *global player* actief. De geografische actieradius beperkte zich - met uitzondering van enkele Amerikaanse *carriers* - vrijwel nooit tot een gegeven land. Een fusie tussen KLM en British Airways zou verboden worden als er een marktpositie zou ontstaan 'die ertoe leidt dat de handhaving of ontwikkeling van een daadwerkelijke mededinging op de gemeenschappelijke markt of een wezenlijk deel daarvan wordt belemmerd'. Deze zogenaamde 'concentratieverordening' heeft vooral betrekking op een samengaan van heel grote ondernemingen. British Airways en KLM behoorden allebei tot die categorie ondernemingen.

Een concurrent als British Midland was *an sich* niet tegen het samengaan, maar was wel van mening dat dit niet ten koste van de concurrentie zou mogen gaan. Bishop was van mening dat dit naar alle waarschijnlijkheid wel het geval zou zijn. De Europese Commissie had wel oren naar zijn kritiek. Al eerder waren andere luchtvaartmaatschappijen beticht van prijsopdrijving.

De beurs reageerde negatief op het nieuws dat de besprekingen op niets waren uitgelopen. Hectische beurstaferelen bleven echter achterwege. De Nederlandse politiek was teleurgesteld over het niet doorgaan van het integrale samengaan. Liever geen overeenkomst dan een slechte overeenkomst was echter de teneur. De vakbonden haalden opgelucht adem. Men had zich gedurende de onderhandelingen voortdurend bezorgd getoond. Het FNV was dan ook 'gerustgesteld', CNV was 'opgelucht' en de Unie BLHP was 'blij'. Aan de alsmaar voortdurende onzekerheid was een einde gekomen. Voorts waren de vakbonden blij dat de arbeidsvoorwaarden intact waren gebleven. Schiphol 'betreurde' het afketsen van het samengaan van de KLM en British Airways. Schiphol stond vanaf het begin positief ten opzichte van de besprekingen. Een vergaande alliantie tussen de KLM en British Airways zou een versterking van het door Schiphol geambieerde *Gateway to (Continental) Europe* hebben betekent. Juist deze invalshoek was ervoor verantwoordelijk dat ook de Nederlandse overheid in zeker opzicht teleurgesteld was over het mislukken van de onderhandelingen. Uitbreiding van het internationale samenwerkingsnetwerk van KLM zou namelijk ook positieve effecten hebben voor Schiphol.

De KLM-leiding ging niet bij de pakken neerzitten. De zoektocht naar een aantrekkelijke vrijer werd voortgezet. Men was nog steeds van plan een wereldomspannend netwerk van nationale *carriers* te creëren. Samenwerkingsverbanden moesten in dit verband altijd integraal en vergaand van aard zijn. Samenwerking zou uiteindelijk altijd moeten leiden tot een nieuwe luchtvaartmaatschappij. Die nieuwe luchtvaartmaatschappij zou altijd door een 'collegiaal' bestuur geleid moeten worden. In de geleende woorden van KLM-topman Leo van Wijk: 'Europese luchtvaartmaatschappijen overlappen elkaar in een hoop opzichten. Die overlapping is alleen beheersbaar met een vergaande vorm van samenwerking'. Alleen op die manier zou de KLM op middellangetermijn kunnen overleven in een concurrentiestrijd die in toenemende mate door goedkoop opererende Aziatische en Amerikaanse maatschappijen gedomineerd zou worden.

De partners lagen echter niet voor het oprapen. Een transnationale *carrier* zou vanuit Europees perspectief alleen met Air France dan wel Lufthansa gecreëerd kunnen worden. Die partijen waren vanwege grote cultuurverschillen en een sterk uiteenlopende 'bestuurlijke instelling' (KLM was marktgericht terwijl Air France en Lufthansa echte staatsbedrijven waren) weinig aantrekkelijk. Daar kwam bij dat zowel Air France als Lufthansa op dat moment weinig voelden voor de door de KLM-leiding geambieerde vorm van vergaande samenwerking. Beide maatschappijen hadden een voorkeur voor lossere, partiële tactische allianties in plaats van integrale, strategische allianties. De KLM-leiding had weinig behoefte aan dergelijke losse vormen van samenwerking die te vaak in goede bedoelingen bleven steken. Strategische samenwerking was volgens de KLM-leiding overigens niet direct, maar wel op middellangetermijn van belang, wilde de KLM haar lange termijn continuïteit veilig stellen.

British Airways verwerkte het 'KLM-debacle' op geheel eigen wijze: een versnelling van de expansie via onder meer operationele allianties en overnames. De hogere groeiversnelling van British Airways werd mogelijk gemaakt door het zeer strikte kostenbeheersingsbeleid dat men al enkele jaren voerde. Vooral op de Europese markt werd stevig huisgehouden. Zo verwierf British Airways een belang van 49 procent in het Franse TAT, richtte het Deutsche BA op, acquireerde het voor het symbolische bedrag van 1 pond het failliet gegane Dan Air en stond het op het punt om een alliantie aan te gaan met het Amerikaanse USAir. Ook werd er serieus naar het Australische Quantas gekeken. De Australische overheid had namelijk een belang van 49 procent in de etalage laten zetten. Voor British Airways was Quantas interessant. Het had een sterke positie in het Verre Oosten, de groeimarkt van de naaste en verre toekomst.

Daar gaan we weer

Februari 2000. British Airways wordt in navolging van de KLM gedwongen de kosten significant terug te dringen. Beide maatschappijen draaien verlies en bij beide maatschappijen heeft dat mede te maken met de veel te hoge kostenvoet. British Airways had de eerste negen maanden van 1999 nog een winst voor belasting geboekt van 180 miljoen pond. De winst voor belasting was een jaar daarvoor nog 42 procent hoger uitgevallen. Het vierde kwartaal - traditioneel een zwak kwartaal voor luchtvaartmaatschappijen - was mede door de hogere brandstofkosten en de felle concurrentiestrijd op de Noord-Atlantische route in een verlies voor belasting van 60 miljoen pond (215 miljoen gulden) uitgemond. Het boekjaar van British Airways eindigde net als dat van de KLM op 31 maart en de vooruitzichten waren niet positief.

Ook met de KLM ging het niet zoals het zou moeten. Het mes moest in het overtollige organisatievet, want de organisatie was diep in de rode cijfers gedoken. Men was dan ook van plan 2.700 arbeidsplaatsen te schrappen, waaronder 600 gedwongen ontslagen - een unicum in de KLM-geschiedenis. Daarnaast wilde de KLM-leiding 500 miljoen gulden per jaar (structureel) gaan besparen en zeven toestellen aan de grond houden. Het was de eerste keer dat Leo van Wijk als bestuursvoorzitter een crisis moest bezweren. Jan de Soet en Pieter Bouw - vooral de laatste - hadden dat op gezette tijden al diverse malen eerder moeten doen.

Van Wijk, de in Amsterdam geboren ex-ajacied en UvA-econometrist, wordt in 1971 KLM'er. Van Wijk volgt op 6 augustus 1997 Pieter Bouw op als hoogste KLM-medewerker. Pieter Bouw kwalificeerde zijn opvolger eens als volgt:

"Leo van Wijk wordt intern, maar vooral ook extern gezien als uitermate deskundig op het gebied van commerciële luchtvaart. Hij beschikt over een enorme feitenkennis die hij zeer ordelijk weet over te dragen. Je kunt hem op luchtvaartgebied geen knollen voor citroenen verkopen. Hij gaat recht op zijn doel af. Mede daardoor wordt hij nogal eens als kort door de bocht ervaren. Hij beschikt over een enorme werkkracht en is zeer

Deze eigenschappen en talenten had Van Wijk hard nodig, want de KLM werd weer eens stevig gemangeld tussen oplopende kerosineprijzen en een *cut-throat* concurrentieslag op de Noord-Atlantische route. Het verschijnsel 'overcapaciteit' - nu het resultaat van het overhevelen van capaciteit naar de transatlantische route als gevolg van de Azië-crisis enkele jaren daarvoor - stak in alle hevigheid de kop op. Bedreigend was verder dat de *yields* (de opbrengsten per vervoerde passagier of ton vracht) jaarlijks structureel met ongeveer twee procent naar beneden ging. De roep om een paardenmiddel begon luider te worden.

Dijkdoorbraak

Aan de andere kant van de Noordzee gebeurde ondertussen van alles en nog wat. British Airways had nogal wat hoogte verloren. Dat British Airways de crisis serieus nam bleek wel uit het feit dat *Chief Executive Officer* Robert Ayling - sinds 1996 de hoogste operationele man - op straat kwam te staan. Dat was opmerkelijk, want Ayling had een voor internationale begrippen buitengewoon arbeidscontract met een duur van maar liefst 12 jaar uitonderhandeld. Hem werd niettemin de financiële duikvlucht van British Airways zwaar aangerekend. Ayling was er niet in geslaagd een homogeen topmanagementteam te smeden. Hij was geen groot motivator. De moraal van het topmanagement en het niveau daaronder was laag. De financiële markten waren erg teleurgesteld in British Airways' financiële barometer. Die stond op 'slecht weer met weinig zicht op verbetering'. Het sterke pond Sterling joeg ondertussen de passagiers uit de dure Britse vliegtuigen. Of dit nog niet genoeg was richtten kleine *no frills*-maatschappijen als het Britse EasyJet en het Ierse Ryan-air hun peilen primair op Heathrow, British Airways' thuishaven. British Airways waggelde dan ook als een aangeslagen bokser door de ring. De opvolger van Robert Ayling had geen gemakkelijke klus te klaren.

De strategie van British Airways was gericht op het *upgraden* van het productengamma, het verminderen van de passagierscapaciteit met ongeveer 12 procent gedurende de periode 2000-2004 en het vervangen van oude Boeing 747s voor nieuwere, kleinere modellen. Het aantal *business class* passagiers zou daardoor sprongsgewijs toe kunnen nemen. Verder werd alleen al $900 miljoen uitgetrokken voor het installeren van bedden in de *business class*. British Airways koos daarmee weloverwogen voor het verminderen van het marktaandeel en het verbeteren van de kwaliteit. De volumestrategie werd bijgesteld. Het bieden van meer toegevoegde waarde voor zakenreizigers stond centraal [1]. Tegelijkertijd zou een ingrijpend kostenbesparingsprogramma alleen al in het jaar 2000 tenminste $400 miljoen op moeten leveren.

British Airways had ook in luchtvaartpolitiek opzicht een moeilijk jaar achter de rug. Het plan om een strategische alliantie aan te gaan met American Airlines werd door Amerikaanse toezichthouders getorpedeerd. Tot overmaat van ramp had het management van British Airways geen gelukkige hand in een aantal andere zaken: een nieuw ontwerp voor de staart van de toestellen werd geschrapt, de opening van het beroemde reuzenrad bij de Thames (waarin men participeerde) had met de nodige vertraging te maken en bij de bouw van het veelbesproken Millennium Dome (waarvan British Airways sponsor was) ging van alles en nog wat mis.

Het verlies van British Airways over het gebroken boekjaar 1999/2000 was het eerste sinds de privatisering in 1987. Dit feit op zich was dramatisch, want nog geen vier jaar eerder was British Airways Europa's meest winstgevende luchtvaartmaatschappij.

De KLM had zo haar eigen 'dijkdoorbraak'. Van Wijk was daar in een interview met het personeelsblad *Wolkenridder* heel duidelijk over: 'We gaan er nu eerst voor zorgen dat het gat in de dijk wordt gedicht. Dat hoeft niet op de meest fraaie manier te gebeuren. Het gaat erom op korte termijn zo effectief mogelijk te zijn'. De kostenstijging binnen de KLM was voor de verandering eens niet louter herleidbaar naar de gestegen kerosineprijs. 'We zijn er niet in geslaagd de productiviteit verder te laten stijgen', aldus Van Wijk in *NRC Handelsblad*. De vraag die op ieders lippen brandde was dan ook: wat nu?

Operatie 'Baseline' moest uitkomst bieden. Baseline was een nieuwe poging - de zoveelste inmiddels - van de KLM-leiding om ingrijpend op de kosten te besparen. De kosten moesten naar beneden worden gebracht en de opbrengsten moesten worden opgevoerd. Deze positieve schaarbeweging zou de maatschappij er weer bovenop moeten helpen.

In de loop van het voorjaar werd duidelijk dat daarvoor eigenlijk meer nodig was. *De Telegraaf* meldt op 2 mei dat Van Wijk - 'volgens welingelichte bronnen' binnen het KLM-management - een informeel gesprek had gehad met Philippe Brugisser, topman van de Sair Group, de moedermaatschappij van onder meer Swissair. Op zich niet wereldschokkend, want in de luchtvaart praat iedereen met iedereen. *De Telegraaf* onthult eveneens dat British Airways en KLM al enkele maanden aan het onderhandelen waren over een vergaande vorm van samenwerking. Het Franse *Les Echos* maakte in dit verband melding van het feit dat British Airways bereid was zich los te weken van partner American Airlines. Daardoor kwam KLM (met partner Northwest Airlines) nadrukkelijk in beeld. De stoplichten leken wederom op groen te staan.

Track record

Het tempo lag blijkbaar hoog, want Van Wijk reisde begin-juni niet af naar Sydney om daar de jaarlijkse IATA-vergadering bij te wonen - een 'standaard-uitje' voor presidenten van luchtvaartmaatschappijen. Van Wijk was met andere zaken bezig. En dat was begrijpelijk, want KLM kon zich eigenlijk geen nieuwe zeperd op het strategische alliantie-terrein veroorloven. Nog maar kort daarvoor waren de besprekingen met Alitalia over een samengaan afgebroken. Dat was de KLM-leiding door sommigen zwaar aangerekend. De leiding had de laatste jaren geen gelukkige hand in het sluiten van strategische samenwerkingsovereenkomsten.

British Airways chief eyes alliance with KLM as route to resurgence in Europe, kopte het tweede katern van de *Financial Times* op woensdag 7 juni 2000. Volgens de nieuwe topman van British Airways, Rod Eddington, werden zowel het alliantie als het fusie-scenario bestudeerd. De integrale samenwerking met KLM zou British Airways' verliesgevende Europa-strategie uit het slop moeten halen. Eddington voorzag een consolideringsslag in Europa en wilde om die reden voor in de bus zitten. De Europa-strategie van British Airways was al enige tijd verliesgevend. Met behulp van de KLM zou die strategie ingrijpend kunnen worden aangepakt. Verder was Eddington erg geïnteresseerd in Schiphol en dan met name het feit dat Schiphol goed was in het afhandelen van *transfer traffic*. Heathrow was in dat opzicht een treurspel aan het worden. KLM had daarnaast over de afgelopen jaren een alleszins bevredigende *performance* laten zien. Ook was de invloed van de overheid beperkt (in ieder geval in operationeel opzicht).

British Airways versus KLM (1999) in miljoenen euro's

Omzet: 14.380 [BA] en 6.296 [KLM]
Bedrijfsresultaat: 135 [BA] en 95 [KLM]
Marge (%): 0,9 [BA] en 1,5 [KLM]
Winst: - 434 mln [BA] en 4 mln [KLM]
Beurswaarde: 6.697 [BA] en 1.299 [KLM]
Vloot: 321 vliegtuigen [BA] en 207 [KLM]
Medewerkers: 65.640 [BA] en 35.348 [KLM]
Aantal bestemmingen: 233 [BA] en 137 [KLM]
Aantal passagiers: 41 mln [BA] en 15,5 mln [KLM]
Geplaatste aandelen: 1,075 mln [BA] en 46,8 mln [KLM]

*Volgens de IATA stond British Airways in 1999 5e (118 miljard) en
KLM 13e (58 miljard) op de ranglijst van aantal passagierskilometers.
De lijst werd aangevoerd door United Airlines (met 202 miljard
passagierskilometers), American Airlines (met 177 miljard
passagierskilometers), Delta Airlines (met 169 miljard
passagierskilometers) en Northwest Airlines (met 119 miljard
passagierskilometers).*
Bron: Jaarverslagen 1999/2000, IATA World Air Transport Statistics

De hamvraag voor de KLM-leiding was: hoe het belang van KLM te
waarderen in een eventuele houderstermaatschappij zonder welke
vorm van zeggenschap dan ook volledig te verliezen? Dat was
bepaald geen eenvoudige theoretische laat staan reële opgave. Acht
jaar daarvoor was het waarderingsvraagstuk ook al
medeverantwoordelijk geweest voor het beëindigen van de
fusiebesprekingen met British Airways. Wat dat betreft was KLM's
situatie onaantrekkelijk. Kijkend naar de beurswaarde zou KLM blij
moeten zijn met een deelneming van ongeveer 15 procent in de voor
de beide maatschappijen te formeren houdstermaatschappij. Meer
zat er, althans op basis van de beurswaarde, niet in.

De positie van de KLM was ten opzichte van de eerdere
onderhandelingen verslechterd. In 1992 was British Airways nog 3,5
maal zoveel waard als de KLM. In 2000 waren de financiële markten
van mening dat British Airways vijfmaal zoveel waard was als de
KLM. Waar Schiphol in 1992 nog een aantrekkelijke
uitwijkmogelijkheid was, daar zat Schiphol anno 2000 'klem' tussen
allerlei beperkende regels en procedures. Hierdoor zou een
eventuele verdere groei van British Airways min of meer aan banden
worden gelegd. Ook de KLM-leiding zat in haar maag met het

nationale luchthaven-beleid. Verder had KLM een reeks mislukte alliantie-besprekingen achter de rug. Dat had haar reputatie geen goed gedaan. Het belangrijke tafelzilver van weleer, de participatie van 20 procent in Northwest Airlines, was verkocht en de in die dagen nog erg jonge KLM-vloot was er inmiddels niet jonger op geworden.

De nieuwe combinatie zou met veel hobbels geconfronteerd worden. Een fusie zou namelijk leiden tot de grootste Europese *carrier* en het lag niet in de lijn der verwachting dat Brussel voor een *hands-off* benadering zou kiezen. Ook de rol van de Nederlandse overheid zou door een fusie in het geding komen. Hoewel de Nederlandse Staat zich al eerder stapsgewijs grotendeels uit de KLM had teruggetrokken, had men nog steeds een optie op preferente KLM-aandelen B, waarmee het belang kon worden uitgebreid tot 50,1 procent (een zogenaamde *golden share*-constructie) [2]. Het was niet precies duidelijk hoe de nieuwe combinatie met dit vraagstuk om moest gaan.

Ook de landingsrechtenproblematiek zou weer de kop op gaan steken. Landingsrechten verijdelden maatschappijen nog steeds via een fusie in elkaar op te gaan. In plaats daarvan werden allerlei vormen van al dan niet vergaande samenwerking geëffectueerd - doorgaans sterk verwaterde varianten van de eerdergenoemde 'houdstermaatschappij-constructie'. Met een fusie zou het 'Nederlanderschap' van de KLM in het geding komen met alle problemen van dien. De landingsrechten waren immers ingebed in het 'Nederlanderschap' van de KLM. Hoe de beide partijen daarmee om wensten te gaan was op dat moment nog onduidelijk.

Klaar voor de start

Al op 8 juni (één dag na de aankondiging) maakte de *Financial Times* gewag van een interessant feit. De KLM-leiding ambieerde een belang van 30 procent in de nieuwe luchtvaartgigant. Niets meer maar ook niets minder. De krant zei zich te baseren op informatie van bankiers die goed op de hoogte waren van de onderhandelingen tussen beide maatschappijen. British Airways zou hiertoe niet bereid zijn. Voor menig luchtvaartanalist was deze 'eis' een brug te ver. KLM zou - afgaande op de beurswaarde - over 'verborgen kroonjuwelen' moeten beschikken, wilde het een aandeel van 30 procent in de nieuwe combinatie kunnen opeisen. Een aandeel van 30 procent zou volgens de eerdergenoemde bankiers wat British Airways betreft in sterke mate afhangen van de waardering van de via een samengaan met KLM te realiseren synergie-effecten. Zover waren de partijen echter nog lang niet. De formele onderhandelingen waren immers nog maar net van start gegaan.

De onderhandelingen mochten dan wel niet verrassend zijn, de namen van de erbij betrokken *investment banks* waren dat wel. UBS Warburg, al jarenlang kind aan huis bij British Airways, ging tot ieders verbazing de KLM adviseren. UBS Warburg mocht dan wel verzekeren dat de *Chinese Walls* binnen de onderneming zeer solide waren, vreemd was het wel. De keuze van British Airways was ook verrassend. De van het Australische Ansett afkomstige Eddington had een voorkeur voor JP Morgan, opvallend genoeg de vroegere adviseur van KLM. JP Morgan behoorde met ABN AMRO tot het team adviseurs dat de KLM-leiding terzijde stond in de aanloop van de mislukte KLM/Alitalia-deal. Verrassingen alom dus.

KLM maakte van meet af aan duidelijk dat de relatie met Northwest Airlines niet op het spel zou worden gezet. Northwest Airlines vond het allemaal prima. Topman John Dasburg zei in een reactie tegen *Het Financieele Dagblad*:

"Volgens onze onderlinge samenwerkingsovereenkomst is KLM leidend in Europa. Wij hebben er bij KLM op aangedrongen een partner te zoeken en British Airways stond op onze lijst. De complicaties met de luchtvaartpolitieke onderhandelingen tussen Engeland en Amerika maken dat British Airways niet zonder meer op dezelfde voorwaarden kan toetreden tot de transatlantische alliantie tussen KLM en Northwest, waarin alle inkomsten gelijkelijk worden verdeeld. Hoe dat vorm moet krijgen, is ook voor Northwest nog onduidelijk."
Bron: Het Financieele Dagblad, 8 juni 2000.

Van Wijk kon op de steun van vele partijen rekenen. De Vereniging voor Verkeersvliegers (VNV), de Vakbond voor Nederlands Cabinepersoneel (VNC), het Platform voor de Nederlandse Luchtvaart en FNV Bondgenoten reageerden al in een vroeg stadium 'gematigd' tot 'uiterst' positief op de onderhandelingen. Vrijwel alle partijen zagen kostenvoordelen in het verschiet liggen, maar waren wel van mening dat dit niet ten koste van de eigen identiteit en merknaam zou mogen gaan.

De concurrentie van British Airways en KLM, vooral de lage kosten-maatschappijen Virgin Atlantic en Easyjet, was niet blij met het samengaan en kwalificeerde de fusie als een 'fusie te ver'. Easyjet reageerde langs officiële weg met een persbericht met als boodschap: 'De fusie moet worden gestopt'. De combinatie British Airways/KLM zou vooral in Europa en op de transatlantische routes een veel te sterke positie krijgen. Dit zou ten koste gaan van de passagier. De fusie zou vooral een prijsopdrijvend effect hebben en daarmee een gezonde concurrentiestrijd in de weg staan.

Brussel zou te zijner tijd andermaal met een interessant dossier worden geconfronteerd. Van een officieel samengaan was echter nog geen sprake. De Brusselse ambtenaren stonden wel in de startblokken, maar hadden helemaal geen behoefte aan een officiële reactie. Daarvoor was het nog veel te vroeg.

De KLM was voor British Airways vanuit concurrentieel opzicht erg aantrekkelijk. Via de KLM zou men de concurrentie op de Britse thuismarkt een forse slag toe kunnen dienen. KLM beschikte met KLM UK over een sterke dochtermaatschappij. KLM UK, een 100 procent dochtermaatschappij, was een succesvolle KLM-*feeder*. Men transporteerde per jaar ongeveer vier miljoen passagiers van lokale Britse luchthavens naar Schiphol. Schiphol fungeerde vervolgens als efficiënte overstap voor de intercontinentale vluchten. De relatief sterke kaspositie van de KLM (plus 1,6 miljard gulden) en de voor Britse begrippen 'uitverkoopprijs' deden de rest. De leiding van British Airways moet zich vergenoegzaam in de handen hebben gewreven, want een private kwaliteitsmaatschappij met zoveel voordelen was een buitenkans. Het was dan ook snel handelen geblazen. De deal moest zo snel mogelijk op het bord van Eurocommissaris Mario Monti (Mededinging) liggen.

We zijn er bijna .....

In de eerste week van juli laat topman Van Wijk aan de vakbonden weten dat British Airways en de KLM aan het einde van diezelfde maand dan wel uiterlijk begin augustus een beginsel-akkoord over een fusie willen ondertekenen. De beide maatschappijen onderhandelden 'exclusief' met elkaar en wel voor een periode van twee maanden. Alle officiële bescheiden zouden begin augustus naar Brussel worden gestuurd [3]. Tot die tijd zou er nog op allerlei details gestudeerd moeten worden. Het zware 'institutionele' traject - ook de Amerikaanse autoriteiten moesten overtuigd worden - had volgens Van Wijk tot gevolg dat een definitieve fusie nog wel even op zich zou laten wachten. Van Wijk bleef echter optimistisch gestemd. Hij zei daarover tegen de *Financial Times*:

"We are aiming for a full merger. That is the basis for our discussions."
Bron: Financial Times, 13 juli 2000.

De ervaringen van de KLM met Brussel waren niet positief. In 1999 werd de KLM-acquisitie van Martinair verhinderd. Dit tot groot ongenoegen van de KLM. KLM zou volgens Brussel door de acquisitie wel een heel dominante partij op de Nederlandse markt worden. Men kreeg zelfs een boete van negentigduizend gulden aan de broek, omdat men 'onjuiste en misleidende' gegevens zou hebben afgegeven. De voortekenen waren niet bemoedigend.

Dresdner Kleinwort Benson (DKB) was ondertussen tot de conclusie gekomen dat KLM 'recht' had op ongeveer eenkwart van de nieuw te vormen onderneming. Het rapport van DKB ging er verder vanuit dat een fusie een verlies van ongeveer 6.000 arbeidsplaatsen zou betekenen. Volgens de *investment bank* zou de *bottom line* van de nieuwe combinatie binnen drie jaar tijd tenminste $755 miljoen verbeteren. De *regulatory barriers* mochten dan wel omvangrijk zijn, DKB gaf de nieuwe combinatie 'a 60 per cent chance of taking off this year.'

In toenemende mate werd echter duidelijk dat de vliegrechten de grootste *bottleneck* waren. Waar Nederland en de Verenigde Staten een *open skies agreement* hadden, daar stelden de luchtvaartbetrekkingen tussen Groot-Brittannië en de Verenigde Staten niet zoveel voor. Vluchten tussen de Verenigde Staten en Groot-Brittannië waren gereguleerd door het nogal restrictieve, zogeheten 'Bermuda II pact'. Dit pact was in 1977 gesloten. Het *open skies agreement* tussen Nederland en de Verenigde Staten werd in 1992 gesloten. Met het overnemen van de KLM door British Airways zou het liberale *open skies agreement* zonder meer ter discussie worden gesteld. Juist dit *agreement* vormde de basis van de succesvolle Northwest Airlines/KLM-alliantie. Een fusie tussen British Airways en de KLM zou derhalve eveneens in een liberaal Amerikaans/Brits-luchtvaartverdrag ingebed moeten worden. Van Wijk zette een en ander op scherp in de *Financial Times* van 14 juli: 'Een *open skies*-overeenkomst tussen de Verenigde Staten en het Verenigd Koninkrijk is een absolute voorwaarde.' Daarmee begaf Van Wijk zich op glad ijs, want beide landen waren al tien jaar druk doende om hun respectieve luchtruimen open te breken. In tien jaar tijd waren beide partijen bitter weinig opgeschoten.

Op 20 juli is het zover. Wat iedereen al aan zag komen gebeurde. Een *official* van het Witte Huis 'eiste' een *open skies deal* met Groot-Brittannië als prijs voor het accepteren van de fusie tussen British Airways en de KLM. 'The US will not allow British Airways to use a merger with KLM, the Dutch flag carrier, as a back door to achieve greater access to our market', aldus Dorothy Robyn, een 'senior White House official'. Daarmee stond de Britse overheid schaakmat. Ook de Nederlandse overheid werd klem gezet. 'If KLM comes under effective control of British Airways while Bermuda II still governs US-UK air services, KLM will immediately lose the benefits of the US-Netherlands open skies agreement.' De Amerikanen wilden onbeperkte toegang tot Heathrow, 'the world's biggest and most lucrative international hub'. Klare taal. Dat Washington haar tanden had laten zien had in ieder geval één voordeel - Van de Amerikanen viel weinig verrassends meer te verwachten. De vraag was: hoe met dit dreigement om te gaan?

De vele juristen, bedrijfsstrategen, luchtvaartspecialisten, *investment bankers*, interne deskundigen, accountants en fiscaal specialisten moesten een wel heel vuil varkentje wassen. Het ontwikkelen van een adequaat *business model* zou het uiterste van hun creativiteit en uithoudingsvermogen vergen. Er werd dan ook druk gestudeerd op vele modellen met uiteenlopende zeggenschaps- en stemrechtverhoudingen.

Tijdens de jaarvergadering van de KLM op dinsdag 25 juli had Van Wijk goed en slecht nieuws. Het goede nieuws was de *performance* van de KLM. De winst van de KLM was in het eerste kwartaal van haar gebroken boekjaar (april, mei en juni) met maar liefst 23 procent gestegen naar 43 miljoen euro. KLM's kosten stegen minder snel dan de opbrengsten, waardoor de marges sterk verbeterden. Het minder goede nieuws had betrekking op de onderhandelingen met British Airways. Op vele terreinen werd inmiddels onderhandeld. Men was gemotiveerd. Het lukte beide maatschappijen alleen niet in de eerste week van augustus - zoals aanvankelijk gecommuniceerd - een gedegen fusievoorstel bij de portier van 'huize Monti' in Brussel af te leveren. De besprekingen liepen daarmee vertraging op, hoewel Van Wijk - verstandig geworden na eerdere uitlatingen - zich daarover op de vlakte hield. Van Wijk was 'voorzichtig optimistisch' over de uitkomst van de gesprekken. Hij gaf ook aan dat hij niet van plan was de unieke overeenkomst met de Amerikaanse overheid op te zeggen in ruil voor een fusie met British Airways. De Britse overheid moest met de Amerikaanse overheid een soortgelijke overeenkomst sluiten. Van Wijk was daar optimistisch over. De vraag was alleen waar hij dat optimisme op baseerde, want de geluiden uit Washington en Londen waren wat dat betreft klip en klaar. Beide landen stonden nog net zo ver uit elkaar als al die jaren daarvoor. Er zat geen enkele progressie in het luchtvaartpolitieke overleg tussen de Amerikanen en de Britten.

..... maar nog niet helemaal

Op 7 augustus maakte de 'spreekbuis' van het mondiale zakenleven, de *Financial Times*, wereldkundig dat beide maatschappijen hun 'exclusieve' onderhandelingen gingen verlengen. KLM en British Airways waren volgens de *Financial Times* nog steeds 'optimistic' en van plan er het beste van te maken. Dat beide partijen nog steeds actief onderhandelden was een positief teken. Het optimisme was echter ongegrond. De tijd(bom?) tikte rustig door. De eerste donkere wolken pakten zich alweer samen.

Rod Eddington gaf een dag later in dezelfde krant aan dat 'luchtvaartpolitieke aangelegenheden' buitengewoon complex zijn:

"The regulatory complexities of the proposed merger with KLM, could yet kill any deal".
Bron: Financial Times, 8 augustus 2000.

Dat was de eerste keer tijdens de onderhandelingen dat een topfunctionaris publiekelijk vraagtekens zette bij de haalbaarheid van de *deal*. Hetgeen overigens volgens Eddington niet wegnam dat de onderhandelingen 'had progressed very sensibly' sinds de onderhandelingen twee maanden eerder officieel van start waren gegaan. Eddington was niettemin verontrust:

"This is a very complicated deal. There is a Brussels dimension and a Washington dimension. You can never be sure with a deal like this that all the pieces will come together."
Bron: Financial Times, 8 augustus 2000.

Eddington gaf ook heel duidelijk aan dat hij niet eindeloos zou blijven onderhandelen. Hij wilde aan het einde van de zomer dan wel het begin van de herfst een definitieve beslissing nemen over de Europa-strategie van British Airways. De aandeelhouders begonnen onrustig te worden. Robert Ayling had niet voor niets het British Airways-schip moeten verlaten. De Europa-strategie was verliesgevend en juist op dit vlak verwachtten de Britten samen met de KLM de nodige progressie te boeken. De fusie met de KLM *was* met andere woorden de Europa-strategie van Eddington. Daarmee gaf Eddington blijk van doortastendheid, maar zette hij de zaak voor zowel British Airways als hemzelf op scherp. Er zaten dus duidelijk grenzen aan zijn geduld, vandaar de rechttoe-rechtaan *deadline*. De KLM wist precies waar ze aan toe was. De gesprekken tussen de Britse en Amerikaanse overheid over het *open skies agreement* zouden van doorslaggevend belang worden.

De pers werd vrijwel iedere dag van nieuwe vitaminen voorzien. Op 10 augustus was Van Wijk weer aan de beurt om de pers op de hoogte te houden. De onderhandelingen liepen naar tevredenheid en de politieke obstakels waren egaliseerbaar, dat was zo ongeveer de boodschap. Midden-september zou er overeenstemming worden bereikt. Pas op dat moment zou het dossier naar Brussel verhuizen. De 'echte' operationele fusie zou vanaf het begin van 2001 vormgegeven worden.

Naar goed Brussels gebruik werd medio september de concurrentie geraadpleegd. De met KLM/British Airways concurrerende luchtvaartmaatschappijen werd via een memo van vijf pagina's gevraagd te reageren op de beoogde fusie. Dat was op zich opmerkelijk, omdat er nog steeds geen formele aankondiging van een fusie was geweest.

Het begon de luchtvaartspotters omstreeks 20 september duidelijk te worden dat er iets stond te gebeuren. De koers van het aandeel British Airways was onderuitgegaan na berichten als zou de *deal* met KLM op springen staan. De koers van het British Airways-aandeel was sinds augustus al met 23 procent gedaald. De financiële markten begonnen de deelname van British Airways aan de *deal* kwestieus te vinden. De druk op vooral het topmanagement van British Airways begon met de dag toe te nemen. Het begon de financiële markten langzaam maar zeker duidelijk te worden, dat British Airways met het sluiten van de *deal* weleens van de regen in de drup zou kunnen belanden. Een luchtvaartanalist van *investmentbank* Schroder Salomon Smith Barney gaf ruiterlijk toe dat:

"Investors see one to two years of uncertainty surrounding the KLM deal. They treat uncertainty as risk and expect higher returns. I don't think the market particularly welcomes the deal. The combined market capitalisation of the two groups is back where it was before the rumours of the deal started, so the market is giving little value to the transaction."
Bron: Financial Times, 20 september 2000.

Het commentaar van deze analist was illustratief voor de stemming. En die stemming begon in rap tempo om te slaan. De aandeelhouders van British Airways waren het vertrouwen in de *deal* verloren.

D-Day

22 september: D-Day. 'BA abandons deal with KLM to create third largest carrier,' kopte de *Financial Times*. Wat iedereen al aan zag komen was gebeurd. De maatschappijen konden het niet eens worden over het op te zetten *business model*. Eddington en Van Wijk lieten een gezamenlijke verklaring uitgaan:

"We always recognised that this would be a complex transaction involving not only commercial and economic issues, but also aeropolitical, regulatory and other matters. Although we made considerable progress, it has not been possible to resolve these."
Bron: Persbericht, 22 september 2000.

De *Financial Times* was van mening dat Eddington de morele winnaar was. Van Wijk zou bepaald niet opgelucht mogen zijn. Het was per slot van rekening Van Wijk's tweede zeperd binnen zes maanden tijd. Al eerder was de deal met Alitalia niet doorgegaan. Van Wijk was *not amused*. Hij stelde nadrukkelijk dat het *business model* al enkele weken daarvoor was kortgesloten en zei dan ook 'verrast' te zijn dat Eddington juist dit aspect van het proces had aangegrepen als argument om de onderhandelingen te beëindigen. Analisten waren duidelijk over de gesteldheid van de KLM - 'the Dutch carrier has burned all its bridges in Europe and has nowhere else to go.'

De landingsrechten die aan de Nederlandse Staat toebehoren waren vooralsnog onmogelijk in een *business model* in te bedden waar beide partijen mee uit de voeten konden. Het 'Nederlanderschap' - en daarmee het juridische eigendom - was voor de KLM van cruciaal belang, want anders zou men als 'grootgebruiker' van die landingsrechten af moeten zien. In de woorden van Van Wijk:

"Ik zeg niet dat de Britten irreëel zijn. Maar een luchtvaartonderneming zonder landingsrechten is als een scheepvaartbedrijf zonder schepen."
Bron: Het Financieele Dagblad, 22 september 2000.

De KLM zou als werkmaatschapppij van British Airways gaan opereren. Men wilde echter een eigen raad van commissarissen met eigen bevoegdheden (onder meer betreffende het recht van benoeming van deze commissarissen). KLM opteerde voor een constructie waarbij een meerderheid van die commissarissen 'Nederlandse ingezetenen' zouden zijn. British Airways had daar een andere opvatting over. Van Wijk was in zijn commentaar duidelijk:

"De Britten wilden daar flexibeler mee omgaan."
Bron: Het Financieele Dagblad, 22 september 2000.

De Nederlandse *stakeholders* waren - zoals zo vaak - opvallend mild over het mislukken van de *deal*. De politiek vond het 'jammer' dat de fusie niet door was gegaan. FNV Bondgenoten had 'liever geen huwelijk, dan een slecht huwelijk'. De Ondernemingsraad was van mening dat het afbreken van de besprekingen van kracht getuigde. De Vereniging van Nederlands Cabinepersoneel (VNC) vond de beslissing moedig en juist. De KLM-leiding werd nog net geen hart onder de riem gestoken. *De Volkskrant* laat in een opvallend artikel bijna een hele pagina deze en andere 'supporters' aan het woord [4]. Alle 'bloedgroepen' steunden Van Wijk onvoorwaardelijk. De enige juiste beslissing was genomen, aldus de interne *stakeholders*.

De externe *stakeholders* hadden zo hun eigen mening over de gang van zaken. De financiële markten waren bepaald niet gelukkig met het afspringen van de fusie-onderhandelingen. Het aandeel KLM kreeg het zwaar te verduren. Het aandeel maakte op de effectenbeurs van New York een ware duikvlucht en verloor maar liefst 19 procent van haar waarde (...) Ook in Amsterdam werd het aandeel massaal van de hand gedaan. De aandeelhouders hadden het even helemaal gehad met de KLM. De koers sloot maar liefst 21 procent lager. Een sterke partner was volgens de financiële markten geen voldoende maar een noodzakelijke voorwaarde voor een goede *performance*. KLM had haar eigen doodvonnis getekend.

Weer terug bij af

Van Wijk moet buitengewoon gefrustreerd zijn geweest. Hij was er heel dichtbij, maar toch ook weer heel ver vanaf. KLM was letterlijk en figuurlijk terug bij af: het hoofdkantoor in Amstelveen. Wat nu? Men had zich tweemaal achter elkaar 'vergist'. Tweemaal onder leiding van Van Wijk. 'To lose out one potential merger looks unfortunate, to lose out on two looks careless,' zei een analist tegen een journalist van de Financial Times [5]. De meeste internationale

zakenkranten waren kritisch over de rol van het KLM-
topmanagement in het algemeen en die van Van Wijk in het
bijzonder. Van Wijk moet in die dagen niet altijd even goed hebben
geslapen.

'KLM-top moet aftreden,' kopte het *Algemeen Dagblad* op zaterdag
23 september. Een deel van de financiële wereld vond het zo
langzamerhand welletjes. De KLM-top (de raad van bestuur en een
deel van de raad van commissarissen) had volgens deze groep haar
geloofwaardigheid volledig verloren. Men was veel te optimistisch
geweest over in het bijzonder de luchtvaartpolitieke
aangelegenheden. Nieuwe fusie- dan wel alliantiegesprekken
zouden nooit door de bestaande KLM-leiding gevoerd kunnen en
mogen worden.

De KLM-top bleef echter zitten. De niveaus daaronder waren echter
fors in beweging gekomen. Al in de nadagen van de
onderhandelingen met Alitalia was de leegloop onder het personeel
op gang gekomen. De onderhandelingen met British Airways hadden
dit proces versneld, tot groot verdriet van veel oudgedienden. Vooral
het hogere kader op het hoofdkantoor in Amstelveen was 'op drift
geraakt'. De juridische afdeling was onderbezet, het verloop onder
zogenaamde *high potentials* was schrikbarend hoog en
sleutelfiguren op belangrijke staffuncties als IT, strategische
onderhandelingen en communicatie waren verdwenen. Ook Donald
Kalff, een van de interne adviseurs van Van Wijk, was vertrokken.
Van Wijk zelf was ook vertrokken - voor een vakantie wel te
verstaan.

Ook British Airways was terug bij af. De maatschappij had nog
steeds te maken met een slecht presterend Europa-bedrijf en had de
alliantie met partner American Airlines niet verder uit kunnen
bouwen. Sterker nog, de alliantie met American Airlines had door het
gelonk naar KLM's partner Northwest Airlines de nodige averij
opgelopen. British Airways had heel wat achterstallig onderhoud weg
te werken, maar bleef een aperte voorkeur voor een Europese
partner houden.

Eddington's positie was niet benijdenswaardig. Het mislukken van de
onderhandelingen met de KLM was niet de enige smet op zijn
blazoen. Ook de nasleep van de *crash* met de Concorde in Parijs in
juli (die daarop [tijdelijk zoals het zich laat aanzien] uit de lucht werd
genomen) was hem niet in de koude kleren gaan zitten. Ook
Heathrow begon een blok aan zijn been te worden. De luchthaven

was infrastructureel ingericht om om te gaan met 54 miljoen passagiers, maar had ondertussen al met 64 miljoen passagiers te maken. Heathrow was dan ook overvol en niet goed geëquipeerd om de toekomst succesvol te lijf te gaan. Het begon haar *competitive edge* in sneltreinvaart te verliezen. De kwalitatief inferieure Britse logistieke infrastructuur kon lang niet op tegen die van directe concurrent Frankrijk (rondom Parijs in het algemeen en luchthaven Charles de Gaulle in het bijzonder) en Duitsland (vooral rondom Frankfurt). Ook de zeer snelle treinverbindingen tussen belangrijke zakencentra (inclusief luchthavens) op het Europese vasteland waren een grote bedreiging voor Heathrow. Op termijn zou Heathrow (en daarmee British Airways) het moeilijk krijgen. Eddington had daarnaast met een slecht presterend operationeel bedrijf te maken.

Brokkenpiloot?

Van Wijk toonde zich in een paginabreed interview in *De Telegraaf* van zijn kwetsbare kant. Het was een openhartig interview waarin de mens achter de professional zichtbaar werd. En de mens Van Wijk had het niet gemakkelijk gehad. Enkele citaten uit het interview zijn treffend en veelzeggend:

"Ik zat er behoorlijk doorheen, vroeg me af of ik niet beter kon vertrekken. De vraag was of ik binnen mijn organisatie het draagvlak nog wel had om door te gaan. Ik heb ook tegen de commissarissen gezegd: als jullie denken dat dit het moment is dat ik moet opstappen, dan hebben jullie met mij geen discussie. Want ik zit hier voor de KLM en niet voor Leo van Wijk. Zo heb ik er altijd tegenaan gekeken. Ik heb ook tegen de ondernemingsraad gezegd: als er een beslissing moet worden genomen dan neem ik die voor de KLM, niet voor mezelf. Als daar de consequentie aanhangt, dat daarmee mijn positie onhoudbaar wordt, dan stap ik op. Dan hoeven ze me niet weg te sturen."
Bron: De Telegraaf, "Ik wist niet of ik het hier nog langer kon opbrengen", 16 december 2000.

En over zijn meer 'persoonlijke worsteling':

"Ik kreeg de volledige steun van commissarissen, managers om me heen en ondernemingsraad. Maar toen kwam voor mij de tweede vraag - en alleen in die volgorde - of ik het zelf nog wel kon opbrengen om door te gaan. Daar heb ik twee weken diep over nagedacht. De mensen kunnen wel zeggen: blijf, we rekenen het jou niet aan, we hebben samen toch goed overwogen wat we deden.

Beslissingen van deze importantie neem je niet alleen. Maar ik wist echt niet meer of ik het nog kon opbrengen. Het heeft me wel een maand tot zes weken gekost voor ik er weer echt was, mezelf had teruggevonden.....

Bron: De Telegraaf, "Ik wist niet of ik het hier nog langer kon opbrengen", 16 december 2000.

De hamvraag na dit alles was niet zozeer: met wie gaat de KLM nu samen? De vraag was veeleer: wie wil er nog met 'brokkenpiloot' KLM?

Noten

[1] Deze strategie stond lijnrecht tegenover de strategie van Air France en Lufthansa die druk in de weer waren hun marktaandelen uit te breiden.

[2] In 1978 had de Nederlandse Staat nog driekwart van de aandelen in haar bezit. In 1986 beheerde men nog steeds 55 procent van de aandelen. Op dat moment benoemde men zes van de elf commissarissen. In 2000 had de Nederlandse Staat nog een belang van 14 procent in de KLM. Slechts één commissaris vertegenwoordigde het belang van de Nederlandse Staat. Het 14%-belang bestond uit goedkope prefs die 59 miljoen gulden waard waren op een beurswaarde van 1.390 miljoen gulden medio juni 2000. De Nederlandse Staat was net als alle aandeelhouders 'gewoon' aandeelhouder. Men had vooral een invloedrijke rol in het kader van de luchtrechten en -regelingen. In uitzonderingsgevallen ('in theorie' dus) zou de Nederlandse Staat via het stemrecht van de Stichting Luchtvaartbelangen Nederland (11 procent) en een optie op een tweede pakket prefs (ruim 25 procent) de meerderheid van het stemrecht kunnen verwerven.

[3] Van Wijk en Eddington hadden al in een eerder stadium, te weten op 30 juni, met Monti een 'kennismakingsgesprek' gehad.

[4] De Volkskrant, "Soldatenkeizer in de lucht", 23 september 2000.

[5] Financial Times, "KLM finds itself on the shelf for now", 23-24 september 2000.

3. KASTEEL OF LUCHTKASTEEL?

In 1993 werd onder de codenaam 'Alcazar' tussen vier Europese maatschappijen over een volledig samengaan onderhandeld. KLM, Scandinavian Airlines Systems (SAS), Swissair en Austrian Airlines waren 'natuurlijke bondgenoten', zo viel te beluisteren. De naam 'Alcazar', een Spaans woord van Arabische origine voor een Moors slot met vier grote hoektorens die voor de nodige veiligheid zorgdragen, kwam derhalve niet uit de lucht vallen. In de luchtvaartsector waar partijen elkaar op het scherpst van de snede beconcurreren zou het achter de enorme vestingwallen van een dergelijk kasteel goed toeven moeten zijn. Voor de deelnemende partijen was 'Alcazar' een baken van veiligheid in een op hol geslagen bedrijfstak. De Wereld van Peter Stuyvesant was niet meer.

De vier kleine tot middelgrote Europese luchtvaartmaatschappijen wilden 'in formatie' gaan vliegen. SAS, Swissair en Austrian Airlines werkten al sinds 1989 onder de naam European Quality Alliance (EQA) samen. Aanvankelijk bestond het EQA-trio uit Swissair, SAS en Finnair, maar de laatste maatschappij werd na verloop van tijd ingeruild voor Austrian Airlines. Met de KLM werd eveneens 'voetje gevreeën', maar de KLM-leiding had aanvankelijk nog een voorkeur voor een vergaand *partnership* met grote broer British Airways.

In de mondiale luchtvaartindustrie wordt vaak zonder bezwaar van wie dan ook op meerdere bruiloften gedansd. 'Vreemdgaan' is aan de orde van de dag. De keuze van de KLM voor British Airways zat de EQA-partners echter niet lekker. Swissair-president Otto Loepfe zei in 1992 in *Het Financieele Dagblad* dat hij de nodige vraagtekens zou zetten bij een hereniging met de KLM. De keuze voor British Airways was hem zwaar gevallen. Vanuit de KLM-leiding geredeneerd was de tijd gewoonweg niet rijp voor een samengaan met de EQA-partners (en daarmee Swissair). De 'herkansing' kwam echter sneller dan verwacht.

EQA sorteerde lange tijd niet de effecten die men ervan verwachtte. Het samenwerkingsverband had met uitzondering van het uitwisselen van piloten, enkele gemeenschappelijke verkoopkantoren op een aantal perifere bestemmingen en het afhandelen van elkaars zaken op buitenlandse luchthavens, weinig zichtbare voordelen gebracht. Papier mag dan geduldig zijn, in de praktijk gaat het om het verruimen van de toch al zeer smalle luchtvaartmarges.

Het jaar 1992 had volgens luchtvaartanalisten duidelijk gemaakt dat vooral middelgrote Europese maatschappijen het einde van de eeuw niet op eigen kracht zouden kunnen halen. Deze opvatting werd gedeeld door de meeste bestuurders van het bonte gezelschap grote, middelgrote en kleine luchtvaartmaatschappijen. Zelfstandige middelgrote luchtvaartmaatschappijen hadden volgens *insiders* als Jan Carlzon, topman van SAS, geen bestaansrecht. De opvatting in die dagen was dat drie grote Europese maatschappijen - British Airways, Lufthansa en Air France - door een vierde maatschappij - een optelsom van kleine en middelgrote partijen - gecompleteerd zou kunnen en - geredeneerd vanuit de kleine en middelgrote maatschappijen - *moeten* worden. Die vierde luchtvaartmaatschappij zou het resultaat zijn van een vergaande strategische alliantie. De cijfercombinatie '1992' versnelde een en ander. Middelgrote luchtvaartmaatschappijen waren, zo viel te beluisteren, te klein voor het tafellaken en te groot voor het servet.

Het jaar 1992 was in financieel opzicht een rampjaar geworden. De concurrentie op marge en kwaliteit van vooral de Amerikaanse en Aziatische *carriers* werd steeds feller, de naweeën van de Golfoorlog waren voelbaar en het merendeel van de Europese luchtvaartmaatschappijen had grote moeite tot een efficiënte besturing van de operationele werkzaamheden te komen. SAS, KLM en Austrian Airlines waren stuk voor stuk sterk verliesgevend (de KLM sloot bijvoorbeeld het gebroken boekjaar 1992/1993 af met een verlies van maar liefst 562 miljoen gulden). Swissair had het laatste boekjaar met een marginale winst afgesloten. Alle maatschappijen stonden voor de zware opgave een ingrijpende sanering door te voeren. De kosten moesten significant naar beneden. De Aziatische en Amerikaanse luchtvaartmaatschappijen hadden een veel lagere kostenvoet en waren daardoor beter dan de Europese maatschappijen in staat aan het kille economische klimaat het hoofd te bieden.

De aanstaande liberalisering van de Europese luchtvaartmarkt waar in die dagen voortdurend over werd gesproken zou tot een bloedblad leiden en daarmee de noodzaak van consolidatie alleen maar aanzwengelen. Deregulering en elementaire Darwinistische principes bleken in de Verenigde Staten twee zijden van dezelfde medaille te zijn. Vele tientallen kleine en middelgrote maatschappijen waren in de Verenigde Staten door enkele reuzen opgeslokt. De honger van die reuzen was nog steeds niet gestild. Vanaf het begin van de jaren negentig verlegden de grote Amerikaanse megacarriers het expansievizier naar de Europese markt. De Amerikaanse maatschappijen had geen dan wel een verwaarloosbaar klein marktaandeel in Europa. En kleine marktaandelen groeien nu eenmaal sneller dan grote. Europese luchtvaartmaatschappijen moesten zich met andere woorden opmaken voor een felle strijd op het eigen grondgebied.

De gesprekken over een strategische samenwerking tussen SAS, KLM, Swissair en Austrian Airlines werden mede om die reden bijzonder voortvarend ter hand genomen. Eind januari 1993 bevestigden de luchtvaartmaatschappijen dat er over een vergaande vorm van samenwerking werd gesproken. Het corresponderende persbericht zag er als volgt uit:

"Na een aantal informele contacten is besloten tot onderzoek naar de mogelijkheid of officiële onderhandelingen, met als doel te komen tot een vorm van strategische samenwerking tussen de vier maatschappijen, tot resultaat kunnen leiden."

Alles was dus nog mogelijk. Men wilde zich niet committeren aan een gegeven alliantiescenario. Een volledig samengaan zou tot een nieuwe combinatie leiden met maar liefst 75.000 medewerkers en 461 vliegtuigen - een geduchte concurrent voor de Europese 'grote drie' - British Airways, Lufthansa en Air France - maar ook een gemeenschappelijke vuist richting Amerikaanse en Aziatische megacarriers.

Complementariteit

De leiding van de vier maatschappijen kreeg al snel een mandaat voor vergaande onderhandelingen. De luchtvaartmaatschappijen waren in diverse opzichten complementair. De KLM had relatief veel intercontinentale verbindingen (men had van alle partijen dan ook verreweg de meeste passagierskilometers). Op de Europese markt was de KLM niettemin zwak. SAS was vanuit dit perspectief gezien interessant, omdat de onderneming van alle partners verreweg de meeste passagiers in Europa vervoerde. SAS was echter in tegenstelling tot de KLM op de intercontinentale routes weer minder sterk. Swissair viel min of meer tussen de KLM en SAS te positioneren: relatief sterk ten opzichte van SAS op de intercontinentale routes en relatief sterk ten opzichte van de KLM in Europa. Austrian Airlines was van alle partijen verreweg het kleinst, maar beschikte wel over een strategisch gelegen luchthaven - Schwechat (Wenen). Schwechat lag gunstig ten opzichte van groeimarkt Oost-Europa. Vanuit internationaal perspectief geredeneerd was KLM verreweg de sterkste partij. KLM profiteerde voorts van het feit dat Nederland als enige een *open skies*-akkoord had met de Verenigde Staten, waardoor de KLM in beginsel op alle Amerikaanse steden mocht vliegen.

De vier partners

KLM
Omzet: 7.913 fl mln
Werknemers: 25.596
Passagierskilometers * mln: 27.307
Passagiersaantal * 1000: 7.121
Vloot: 95

Swissair
Omzet: 6.457 fl mln
Werknemers: 19.302
Passagierskilometers * mln: 15.100
Passagiersaantal * 1000: 7.293
Vloot: 60

SAS
Omzet: 8.718 fl mln
Werknemers: 21.040
Passagierskilometers * mln: 15.416
Passagiersaantal * 1000: 13.918
Vloot: 140

Austrian Airlines
Omzet: 1.500 fl mln
Werknemers: 4.300
Passagierskilometers * mln: 2.853
Passagiersaantal * 1000: 2.294
Vloot: 24

Bronnen: KLM, Swissair, SAS, Austrian Airlines (1991) en AEA (Association of European Airlines)

Alle maatschappijen domineerden hun respectievelijke nationale markten. SAS, KLM en Swissair hadden belangrijke deelnemingen in andere luchtvaartmaatschappijen. SAS en KLM hadden met elkaar gemeen dat het met name om Amerikaanse en Britse deelnemingen ging. SAS participeerde in Continental Airlines en 'Airlines of Britain' - waaronder British Midland. KLM participeerde in onder meer Northwest Airlines en UK Air. Swissair had een belang van tien procent in Austrian Airlines (deze deelneming had vooral het karakter van een marketing *partnership*) en een (marketing) *partnership* met Singapore Airlines en Delta Airlines. Swissair, Singapore Airlines en Delta Airlines hadden over en weer een - ongeveer - 5 procent-deelneming in elkaars aandelenkapitaal.

De nieuwe *airline* zou ongeveer even groot worden als British Airways. De potentiële kostenvoordelen leken tot in de hemel te groeien. British Airways realiseerde namelijk een even grote productie (passagiers en passagierskilometers) met nota bene tweederde van het personeel van de nieuwe combinatie. De vier potentiële partners waren eigenlijk stuk voor stuk 'te vet'. De personeelskosten maakten bij de vier maatschappijen ongeveer 30 procent van de totale kosten uit tegen ongeveer 18 procent bij de concurrentie uit het Verre Oosten en 23 procent bij de concurrentie uit de Verenigde Staten. Ook collega-Europeaan British Airways zat met haar personeelskostenvoet ver beneden de 30 procent.

KLM, SAS en Swissair hadden complementaire - vooral marketing - *partnerships* met maatschappijen uit Latijns-Amerika en het Verre Oosten. Ook op het gebied van het vrachtvervoer stond de nieuwe combinatie haar mannetje. Men zou de derde vrachtvervoerder worden van Europa - na de Amerikaanse giganten Federal Express en UPS.

De beoogde samenwerking moest op (lange) termijn uitmonden in het gezamenlijk uitvoeren van vrijwel alle activiteiten zonder behoud van de eigen identiteit en onafhankelijkheid. Eén nieuwe merknaam, één luchtvaartmaatschappij, een eigen winst- en verliesrekening en één gezamenlijk management. Iedere vorm van samenwerking zou uiteindelijk tot een fusie, een integraal samengaan moeten leiden. De strategische lat werd bijzonder hoog gelegd. Daarmee kregen de onderhandelingen voor de buitenstaanders een soort 'alles of niets'-karakter. Een dergelijke loden last valt moeilijk mee te torsen, vooral als onderhandelingen langer duren dan aanvankelijk verondersteld.

De besprekingen waren een vlucht naar voren. De drie middelgrote maatschappijen en Austrian Airlines waren naar eigen zeggen te groot om als *niche player* effectief te kunnen zijn en te klein om de concurrentie op kosten en kwaliteit met de Amerikaanse en de sterk opkomende Aziatische maatschappijen aan te kunnen. Door de handen ineen te slaan werd men een alternatief voor de 'grote drie' van Europa en was men in staat de handschoen op te nemen tegen de alsmaar groter en sterker wordende Amerikaanse en Aziatische *carriers*.

Zestien werkgroepen

De maatschappijen waren zeer gedreven om de nog niet eerder vertoonde en daarmee unieke transnationale integratie tot een goed einde te brengen. Die gedrevenheid had men hard nodig, want vier luchtvaartmaatschappijen samenbrengen is bepaald geen eenvoudige opgave. Volgens de president-directeuren zouden de vier maatschappijen door de bundeling beter in staat zijn de druk op de marges te weerstaan. Samenwerking was synoniem voor 'winstgevendheid'. Het doel was een *global airline* in plaats van een *global alliance* van nationale luchtvaartmaatschappijen te creëren.

Al in een vroeg stadium werden diverse werkgroepen en een kleine stuurgroep geformeerd. Zestien werkgroepen, samengesteld uit medewerkers van de vier maatschappijen, moesten de samenwerkingsvoordelen in kaart brengen. Het accent lag op het kwalificeren van de samenwerking in Europa, de thuismarkt van de maatschappijen. De 'grote drie' moesten bereid zijn hun samenwerking met hun Amerikaanse partner te heroverwegen. Vertrekpunt was een geïntegreerd netwerk, opgezet rondom enkele strategische verkeersknooppunten. Schiphol zou samen met Kopenhagen, Zürich en Wenen tot de belangrijkste knooppunten gaan behoren. De werkgroepen gingen voortvarend te werk. De vier maatschappijen werden daarbij geholpen door hun overeenkomstige omvang (met uitzondering van Austrian Airlines) en de bij benadering overeenkomstige pragmatische en internationaal georiënteerde nationale en bedrijfscultuur.

Het samengaan van de KLM, SAS, Swissair en Austrian Airlines zou een Europees marktaandeel van maar liefst 26 procent tot gevolg hebben. Dergelijke cijfers klonken Pieter Bouw en Leo van Wijk als muziek in de oren. Bouw en Van Wijk hadden keer op keer aangegeven dat het Europese marktaandeel omhoog moest. De bereidheid om tot een akkoord te komen was dan ook groot. KLM had slechts een Europees marktaandeel van drie procent, terwijl SAS en Swissair marktaandelen hadden van respectievelijk tien en zeven procent. De verveelvoudiging van het Europese 'KLM-marktaandeel' sprak tot de verbeelding van de KLM-leiding.

Al in juni van dat jaar werd aangekondigd dat men er in beginsel 'uit was'. Een fusie zou voor alle partijen de meest aantrekkelijke optie zijn. Een 'gewone' samenwerking dan wel een 'cross-participatie' ging de partijen niet ver genoeg. Ook de fameuze holdingconstructie, waarbij de maatschappijen onder één gemeenschappelijke houdstermaatschappij zou komen te hangen, genoot niet de voorkeur. Er was maar één alternatief: een volledige fusie. De buitenwereld werd via de pers overladen met mooie woorden. De voortvarendheid waarmee over de fusie werd gesproken was in het oog springend en bij tijd en wijle discutabel. Immers, al zouden de directies snel tot overeenstemming kunnen komen, dan nog zou finale toestemming nodig zijn van de aandeelhouders (in het bijzonder de verschillende overheden), de toezichthouders/commissarissen (die van de KLM waren bijvoorbeeld niet altijd even meegaand - zie het Hilton International-debacle), de Europese Commissie en de Amerikaanse antitrust autoriteiten (beide traag draaiende bureaucratische molens) [1].

Kosten, kosten, kosten

Alle partijen waren van plan de onderhandelingen tot een succes te maken. SAS ging daarin het verst. Jan Carlzon, de vooral in de jaren '80 bewierookte topman, maakte zelfs zijn gehele agenda vrij voor 'Alcazar'. Hij trad medio september terug uit de raad van bestuur van SAS. Alleen op die manier zou hij zich naar eigen zeggen volledig op de onderhandelingen rond de voorgenomen samenwerking kunnen toeleggen. Daarmee speelde Carlzon hoog spel. Als de onderhandelingen tot niets zouden leiden, zou hij zijn positie als hoogste baas van SAS verliezen. Zijn bestuursvoorzitterschap werd door een nieuwe topman waargenomen, Jan Reinas, tot dan toe de hoogste baas van SAS Noorwegen. Pieter Bouw en zijn twee andere collegae uit de raad van bestuur deden het er 'gewoon' bij.

Reinas op zijn beurt had zijn handen vol aan het verbeteren van de financiële positie van de in 1948 opgerichte Scandinavische luchtvaartmaatschappij. SAS had van alle partijen de zwakste financiële gezondheid, een relatief laag eigen vermogen en bovendien de oudste luchtvloot. SAS had in 1992 voor de derde achtereenvolgende maal het boekjaar met verlies afgesloten. Men had net als veel andere luchtvaartmaatschappijen zwaar te lijden van de felle internationaliserende concurrentiestrijd. De slechte *performance* van SAS leidde ertoe dat het concern vastberaden was SAS in de nieuwe onderneming 'in te vliegen'. Carlzon had al eerder de conclusie getrokken dat SAS moest samengaan met één dan wel meerdere andere luchtvaartmaatschappijen uit de Europese top-5 als het wilde overleven. Kostenreductie was *the name of the game* en een samengaan met andere maatschappijen zou het proces van kostenvermindering kunnen versnellen.

En het verminderen van de kosten was haalbaar, onder meer op het terrein van het harmoniseren van de luchtvloot. De vier maatschappijen maakten van verschillende soorten vliegtuigen gebruik. Er werd bijvoorbeeld in verschillende typen Boeings, Airbussen, McDonnell Douglas- en Fokkertoestellen gevlogen. Standaardisatie zou tot significante kostenbesparingen op het terrein van onderhoud, opleiding van piloten en overig cabinepersoneel kunnen leiden. Nog afgezien daarvan zouden ook besparingen op de marketing (één merk/logo en overeenkomstige marketinguitingen), data- en informatiesystemen, inkoop, logistiek/grondafhandeling en *overhead* gerealiseerd kunnen worden. Eén gemeenschappelijke, goed afgestemde tarievenpolitiek, één hoofdkantoor en een reductie van luchtvaartpersoneel op buitenposten zou eveneens aan een efficiënter management kunnen bijdragen. Pieter Bouw zei tijdens de aandeelhoudersvergadering waar het boekjaar 1992/1993 werd besproken dat de samenwerking tussen de KLM, SAS, Swissair en Austrian Airlines bezuinigingen van om en nabij de 8 à 10 procent op de totale kosten op zou kunnen leveren.

De eerdergenoemde werkgroepen zouden met concrete voorstellen moeten komen over samenwerking op een groot aantal gebieden. Daarbij viel te denken aan terreinen als marketing en verkoop, het gezamenlijk exploiteren van de luchtvloot en het op elkaar afstemmen van de computerreserveringssystemen. Door samenwerking op alleen al deze deelgebieden zou aanmerkelijk op de kosten bespaard kunnen worden. Een stuurgroep (met twee vertegenwoordigers van iedere maatschappij) coördineerde de conclusies en aanbevelingen van de zestien werkgroepen. De conclusies en aanbevelingen van de werkgroepen fungeerden als 'input' voor de 'echte' onderhandelingen. Bijzondere onderwerpen van aandacht waren de positie van de nationale luchthavens - welke luchthaven wordt de stuwende kracht - en de keuze van de Amerikaanse partner.

De KLM wilde vanzelfsprekend Schiphol naar voren schuiven als belangrijkste knooppunt. De andere partijen hadden daar zo hun eigen ideeën over. Zij waren van mening dat het netwerk van de vier maatschappijen op verschillende Europese 'hubs' moest rusten. Er zou niet van een 'voorkeursbehandeling' sprake mogen zijn. Daardoor zou een van de maatschappijen tezeer van de samenwerking kunnen profiteren (om van de indirecte voordelen van de extra lokale economische bedrijvigheid nog maar niet te spreken). Het 'voortrekken' van de KLM en Schiphol zou volgens SAS, Swissair en Austrian Airlines tezeer ingaan tegen de behoefte aan evenwichtigheid binnen het samenwerkingsverband. Het economische en bestuurlijke evenwicht zou daardoor verloren gaan en daarmee zou het voortbestaan van de nieuwe combinatie voortdurend en onnodig onder druk komen te staan.

'Management Company'

Het economische en bestuurlijke luchthavenvraagstuk had ook een politieke dimensie. De respectievelijke nationale overheden (Nederland, Oostenrijk, Zwitserland, Noorwegen, Zweden en Denemarken) zouden nooit instemmen met een integratieplan waarbij de eigen nationale luchthaven te weinig verkeer (passagiers dan wel vracht) zou krijgen.

Het probleem van de landingsrechten was een ander complex en wederom politiek onderwerp. De geambieerde fusie stond immers haaks op de vele honderden (...) bilateraal uit onderhandelde landingsrechten. Alle gesloten overeenkomsten zouden in beginsel opnieuw bekeken en wellicht herzien moeten worden. Exclusieve bilaterale rechten fungeren in de praktijk als rode bloedlichaampjes van luchtvaartmaatschappijen. Landingsrechten leiden tot omvangrijke operationele en strategische (een zekere vorm van exclusiviteit) voordelen. Door in elkaar op te gaan dreigen nationale luchtvaartmaatschappijen hun luchtvaartrechten als landingsrechten te verliezen. De uitlatingen van topman Bouw in de pers dat een volledig samengaan het beste alternatief was, was moeilijk met de landingsproblematiek te verenigen.

Dit politieke 'obstakel' zou echter met behulp van een nieuw te formeren topstructuur omzeild kunnen worden. Een 'echte' fusie zou politiek - in ieder geval op korte termijn - niet haalbaar zijn en om die reden had men een voorstel ontwikkeld waarbij een 'management company' onder de bestaande ondernemingen zou komen te hangen. De 'management company' zou na verloop van tijd de moedermaatschappij (kunnen) worden. De verschillende maatschappijen zouden op deze manier in ieder geval in de beginperiode juridisch zelfstandig kunnen blijven. In de 'management company' zouden verschillende activiteiten als marketing, verkoop, netwerkbeheer, vlootbeheer en automatisering ondergebracht kunnen worden. Doelstelling op korte termijn: het behalen van de voordelen van een fusie zonder juridisch te fuseren. Doelstelling op lange termijn: een 'echte' juridische fusie. De juridische fusie zou als alles mee zou zitten - en hangende de voortgaande liberalisering van de luchtvaart - op 1 januari 1997 een feit moeten zijn. De kortetermijndoelstelling zou al vanaf 1 januari 1994 handen en voeten gegeven moeten worden - het moment waarop de operationele samenwerking van start zou moeten gaan.

De zestien werkgroepen hadden hun voorbereidende werkzaamheden ondertussen afgerond. De conclusie: fuseren is een verstandige zet. De echte onderhandelingen zouden nu daadwerkelijk van start kunnen gaan. Het lag volgens de betrokken partijen in de lijn der verwachting tegen de zomer een 'Memorandum of Understanding' af te sluiten.

Uit Oostenrijkse kranten kon ondertussen worden opgemaakt, dat er in Oostenrijk sprake was van twee kampen: voor- en tegenstanders van een samengaan. Austrian Airlines zat dan ook in een lastig parket. Het was verreweg de kleinste van de vier maatschappijen en dreigde daardoor in de onderhandelingen onder de voet te worden gelopen. Daar had zowel het management als het personeel weinig zin in. Ook voor hoofdaandeelhouder de Oostenrijkse staat - men had een aandeel van 51 procent - was dit een weinig aanlokkelijk vooruitzicht. Hoewel de gesprekken in het kader van Alcazar serieus werden genomen, wilden de Oostenrijkers enkele alternatieven voorhanden hebben. President-commissaris Otto Binder van Austrian Airlines zei tegen *Het Financieele Dagblad* dat Austrian Airlines om die reden eveneens gesprekken voerde met onder meer Lufthansa en Air France. Lufthansa was in geografisch, cultureel en taalkundig opzicht een 'geestverwant'. Air France was ook geen onbekende voor de Oostenrijkers. De Fransen waren onder meer aandeelhouder in Austrian Airlines.

Voetangels en klemmen

Tijdens de zomer van 1993 werd weinig progressie geboekt. Het was oorverdovend stil op de respectievelijke hoofdkantoren. De partijen kwamen dan ook niet verrassend in september tot de conclusie, dat er nog heel wat water door de Rijn moest. De onderhandelingen begonnen de nodige vertraging op te lopen met als gevolg dat het principe-akkoord, het 'Memorandum of Understanding', voortdurend werd uitgesteld.

De voortgang van de onderhandelingen werd gefrustreerd door enkele gecompliceerde voetangels en klemmen. Het 'zicht op de finish' werd door de volgende zaken bemoeilijkt:
- De vele *stakeholders* betrokken bij de onderhandelingen.
- Verschillende partijen hadden verschillende opvattingen over de waardering van de maatschappijen. Dit onderwerp was voor een belangrijk deel bepalend voor de onderlinge machtsverhoudingen in de post-alliantie/fusieperiode.
- Een langzaam op gang komende 'stoelendans': wie wordt 'de baas', wie nummer twee enzovoort.
- Het hoofdkwartier - Waar komt het hoofdkantoor van de nieuwe combinatie te staan?
- De Amerikaanse partner - Met welke Amerikaanse partner gaan we in zee?

Veel *stakeholders*

Het Alcazar-toneelstuk had een topzware bezetting. Het ging om vier nationale luchtvaartmaatschappijen uit zes landen en 41 vakbonden (...) die op de achtergrond een invloedrijke rol speelden. Alle hoofd- en bijrolspelers hadden zo hun eigen mening over het script. Van alle maatschappijen was vooral Austrian Airlines bang dat ze in de nieuwe combinatie zou worden ondergesneeuwd. Personeel, vakbonden en overige *stakeholders* van Austrian Airlines stonden van meet af aan sceptisch tegenover de onderhandelingen en de gelanceerde integratievoorstellen. Austrian Airlines was voor de andere partners alleen maar interessant vanwege het Oosteuropese netwerk en haar Weense thuishaven. Het wegvallen van Austrian Airlines zou de andere partijen per saldo weinig kunnen schelen. 'Zwaan' KLM had het 'lelijke eendje' Austrian Airlines als het er echt op aankwam niet nodig. Om diezelfde reden probeerde Austrian Airlines haar onderhandelingspositie enigszins op te vijzelen door met andere partijen onderhandelingen op te starten. Men was bang om in het fusiegeweld ten onder te gaan en geen enkele invloed te hebben op het beleid van de nieuw te vormen luchtvaartmaatschappij - het 'vijfde wiel aan de wagen'-syndroom.

In een *multi-partnership alliance* leiden dergelijke initiatieven van de kleinste partij vrijwel altijd tot een kettingreactie. Ook Swissair was na verloop van tijd druk in de weer met het aftasten van andere alternatieven. De Zwitserse regering - een grootaandeelhouder - was bang dat Swissair op termijn haar 'herkenbaarheid' kwijt zou raken en uit het vizier van de Zwitserse overheid zou verdwijnen.

Waardering

Al in een relatief vroeg stadium werd afgesproken dat de KLM, SAS en Swissair ieder een aandeel van 30 procent in een nieuw te vormen houdstermaatschappij zouden krijgen. Austrian Airlines zou met een aandeel van 10 procent genoegen moeten nemen. Deze van meet af aan gehanteerde verhouding creëerde duidelijkheid en maakte het mogelijk snel uit de startblokken te schieten. Ook het op deze manier gerealiseerde 'bestuurlijke evenwicht' kon aanvankelijk op veel ondersteuning en sympathie rekenen.

Nadeel was echter dat alle vier de maatschappijen van verschillende adviseurs gebruik maakten. Die *strategy consultancies*, financiële adviseurs en *corporate governance consultancies* maakten van uiteenlopende veronderstellingen en waarderingscriteria gebruik en kwamen daardoor in de loop der tijd tot verschillende conclusies. Zo kwamen zij tot de slotsom dat de 30-30-30-10-verhouding lang niet altijd voor de hand lag. Waardering volgens de boekwaarde zou er bijvoorbeeld toe leiden dat Swissair het grootste aandeel zou verwerven. Swissair was op dat moment volgens deze maatstaf verreweg de rijkste maatschappij. Waardering conform de boekwaarde zou tot de volgende aandelenverhouding hebben geleid: 48 (Swissair)-25% (KLM)-18% (SAS)-9% (Austrian Airlines). Waardering volgens kasstromen zou KLM tot grootste aandeelhouder hebben gebombardeerd. KLM beschikte bovendien over Schiphol, een belangrijke troefkaart. Het nadeel van dit soort discussies is dat verschillende waarderingen (*valuations*) complexe 'geven en nemen' exercities tot gevolg hebben. Verschillende partijen proberen tijdens de onderhandelingen met het oog op de toekomstige machtsverhoudingen aan de hand van voor hen positieve waarderingscriteria en -veronderstellingen additionele concessies af te dwingen.

Topman

Het benoemen van een nieuwe topman voor het resultaat van een vergaande vorm van samenwerking tussen twee of meerdere partijen is altijd een gevoelige aangelegenheid. Ego's als flatgebouwen staan nu eenmaal liever in de warme gloed van de zon dan in de kilte van de schaduw.

KLM, SAS en Swissair zouden alledrie vier commissarissen in de nieuw te vormen raad van commissarissen ('raad van toezicht') krijgen. Austrian Airlines zou met twee commissarissen genoegen moeten nemen. De gezamenlijke onderneming - de 'management company' - zou vanaf 1 januari 1994 moeten gaan opereren. Deze organisatie zou het dagelijkse management van de vier luchtvaartmaatschappijen voor haar rekening nemen. Binnen een periode van tien jaar zou de voortgaande integratie van de vier maatschappijen plaats moeten hebben.

Het Zwitserse tijdschrift *Bilanz* publiceerde in de zomer van 1993 een artikel over de samenstelling van de leiding van de nieuwe onderneming. *Bilanz* noemde de onderneming gemakshalve 'Euro Airline'. Volgens de Zwitserse journalisten, die zich op 'vertrouwelijke informatie' baseerden, hoefde Pieter Bouw niet op de toppositie te rekenen. De nieuwe topman van 'Euro Airline' zou Swissair topman Otto Loepfe worden. Zijn verkiezing als topman had mede met zijn leeftijd te maken. Loepfe was namelijk met 57 jaar de oudste van de vier topmannen. Bouw werd als 'Hoofd Centrale Diensten' geportretteerd. SAS zou de president-commissaris mogen leveren en Austrian Airlines de vice-president-commissaris.

Hoofdkantoor

Een ander gevoelig onderwerp was de lokatie van het hoofdkantoor - een symbool van macht en invloed. Als kleinste luchtvaartmaatschappij had Austrian Airlines weinig in de melk te brokkelen. Wenen lag bovendien in de periferie van Europa en was daarmee minder aantrekkelijk als hoofdkantoor voor vier van origine Noord/West-Europese luchtvaartmaatschappijen.

Zürich en Genève, de thuishavens van Swissair, lagen wel centraal, maar waren qua omvang aanmerkelijk kleiner dan bijvoorbeeld Schiphol. Verder, en dat speelde een belangrijke rol, was Zwitserland geen EU-land, hetgeen de weg plaveide voor 'Amsterdam' als hoofdkwartier. Uit het SAS-kamp viel op te maken dat men de kandidatuur van Amsterdam niet zou gaan dwarsbomen.

Amerikaanse partner

Het allergrootste probleem was de keuze van de Amerikaanse partner. Daarbij stonden vooral de KLM, SAS en Swissair lijnrecht tegenover elkaar. De feiten waren voor zich sprekend. KLM had een relatie met Northwest Airlines, Swissair met Delta Airlines en SAS met Continental Airlines. Het ging bij alle partijen om al (KLM) dan niet (SAS en Swissair) 'opgewaardeerde' marketing *partnerships*.

Austrian Airlines had als enige partij geen partner in de Verenigde Staten.

De relatie tussen KLM en Northwest Airlines was intens van aard en ingebed in een vergaand *open skies agreement* met de Verenigde Staten. Northwest Airlines was in operationeel en financieel opzicht zwak en het was nog maar de vraag of het vliegbedrijf de concurrentieslag op de Amerikaanse markt zou overleven. Surséance van betaling gloorde aan de horizon. KLM's aanstaande partners hadden daar geen warme gevoelens bij. Het herstel van Northwest Airlines zou bovendien nog wel even op zich laten wachten. KLM's onderhandelingssituatie met betrekking tot haar Amerikaanse partner was op dat moment niet rooskleurig te noemen. Swissair vond Northwest Airlines bij monde van marketingdirecteur Paul Reutlinger 'financieel ziek' (Northwest Airlines had een negatief eigen vermogen van $1 miljard en een schuld van $3 miljard) en daarmee niet aantrekkelijk voor Swissair en de nieuwe combinatie:

"Swissair would not want to get into bed with a sickly partner."
Bron: Financial Times, 29 oktober 1993.

De conservatieve Swissair-commissarissen (veelal bankiers) hadden eveneens een hard hoofd in een *partnership* met het in financieel opzicht bijna kapseizende schip. Northwest Airlines had verder een sterk verouderde vloot aan vliegtuigen. Die vliegtuigen zouden eerder vroeger dan later vervangen moeten worden. De daarmee gepaard gaande omvangrijke investeringen zouden nog lange tijd op het rendement van de maatschappij blijven drukken - een onaantrekkelijk vooruitzicht voor Swissair. Voor Reutlinger was het daarmee duidelijk:

"If Alcazar is to become a worldwide carrier, the choice of a US partner must fall on Delta."
Bron: Financial Times, 29 oktober 1993.

Het relatief conservatieve Delta Airlines, de partner van Swissair, was groter en financieel veel sterker dan Northwest Airlines en Continental Airlines. Dat maakte de luchtvaartreus (na United Airlines en American Airlines de nummer drie op de Amerikaanse markt) in zeker opzicht 'onbestuurbaar' voor de toekomstige alliantie. Vanuit politiek-bestuurlijk opzicht was het sterke Delta Airlines niet de meest aangewezen partner. De relatie tussen Swissair en Delta Airlines was verder weinig substantieel. Men had louter een platonische relatie. Swissair had een belang van ongeveer 5 procent in Delta Airlines en omgekeerd. Een verdieping van de relatie als bij het duo

KLM/Northwest Airlines had nog niet plaatsgevonden. Ook op de partner van Swissair viel derhalve het nodige aan te merken.

Flag carrier SAS had in 1988 als eerste Europese luchtvaartmaatschappij een belang genomen in een grote Amerikaanse partner. Het ging om een belang van 17 procent in Continental Airlines. Continental Airlines had echter grote problemen. Het verkeerde vanaf eind 1990 in surséance van betaling, waardoor SAS op papier haar investering van 200 miljoen gulden had verloren. Continental Airlines was van de drie partners het minst interessant, omdat de relatie tussen SAS en Continental Airlines vooralsnog erg los was. SAS had daarmee van de drie maatschappijen de zwakste onderhandelingspositie.

De hamvraag was: wat is de beste partner voor Alcazar op middellange en lange termijn. Het feit dat Northwest Airlines grote financiële problemen had bemoeilijkte de uiteindelijk keuze. De KLM mocht dan wel de intiemste band hebben, Swissair had de sterkste partner. Van meet af aan was duidelijk dat dit spanningsveld weleens heel manifest zou kunnen worden. In het heetst van de strijd zou waarschijnlijk een keuze gemaakt moeten worden tussen Northwest Airlines en Delta Airlines. Delta Airlines was vooral sterk in de Verenigde Staten. Het had van alle partijen het meest uitgebreide netwerk in de Verenigde Staten en vervoerde de meeste passagiers. Northwest Airlines had een interessanter internationaal netwerk, met name in het Verre Oosten. Waar Northwest Airlines niet concurreerde met de KLM, Swissair en SAS, daar concurreerde Delta Airlines fel met de aanstaande partners op de voor met name de KLM belangrijke transatlantische route. De 'kemphanen' KLM en Swissair hielden beide voet bij stuk.

Financiële conditie

Gedurende de onderhandelingen viel op dat vooral Swissair en SAS het op hun thuismarkten steeds moeilijker kregen. De financiële gezondheidstoestand van beide luchtvaartmaatschappijen holde vanaf het begin van 1993 in sneltreinvaart achteruit. Beide maatschappijen kampten in 1993 met fors oplopende verliezen. Dergelijk cijfermateriaal speelde een niet te onderschatten rol van betekenis gedurende de onderhandelingen. SAS moest aan haar aandeelhouders 'beloven' een intensief 'result improvement program' door te voeren. Daarbij werd in het bijzonder gedacht aan het afvloeien van medewerkers, het afstoten van bepaalde verliesgevende routes en het toepassen van 'sale and leaseback'-

constructies. De onderhandelingspositie van Swissair en SAS werd door het alsmaar verslechterende cijfermateriaal ondermijnd. KLM was de lachende derde, want ook Austrian Airlines presteerde ver beneden eigen kunnen [2].

Aan de meer operationele uitdagingen (wie heeft de leiding, waar wordt het hoofdkantoor gevestigd, wat wordt de Amerikaanse partner et cetera) lagen twee essentiële strategische problemen ten grondslag. Ten eerste: het ging om fusiegesprekken tussen vier, uit verschillende landen afkomstige ondernemingen met ieder een significant van elkaar verschillende culturele, organisatorische, politieke en sociale infrastructuur. Daar kwam bij dat SAS drie verschillende achterbannen had - de Noorse, Deense en Zweedse overheid. De nieuwe luchtvaartreus zou de *flag carrier* worden van maar liefst zes overheden. Dat de KLM-leiding het in de persoon van Pieter Bouw heeft geprobeerd, getuigt van een gezond 'Hollands' doorzettingsvermogen. Van enig realiteitsbesef is echter geen sprake geweest. Immers:

• Hoe integreer je de netwerken van vier verschillende maatschappijen?
• Hoe ga je op een verantwoordelijke manier om met de rol van de luchthavens van vier luchtvaartmaatschappijen?
• Hoe pak je de politiek-strategische problematiek van de landingsrechten aan waarbij maar liefst zes nationale overheden zijn betrokken?

In de geschiedenis van het mondiale bedrijfsleven is het nog nooit gelukt om vier ondernemingen, afkomstig uit zes landen en actief in een politiek zeer gevoelige bedrijfstak, onder één banier te verenigen [3]. Het tweede strategische probleem: de factor tijd. Als je al met succes zo een gecompliceerde 'mega-klus' wilt klaren, dan wel snel. De factor tijd is in dat geval een kritieke succesfactor. Al in oktober werd in het bedrijfsblad *SwissAir News* door president-commissaris Hannes Goetz van Swissair geopperd, dat de nieuwe combinatie nooit per 1 april 1994 van start zou kunnen gaan. Daarvoor waren er naar zijn mening teveel politieke, organisatorische en technische problemen die nog opgelost moesten worden. Hij reageerde daarmee op een kort daarvoor gedane mededeling van SAS-topman Carlzon dat Alcazar vanaf 1 april 1994 operationeel zou moeten zijn. Ook die datum week al weer af van de oorspronkelijke afspraak, want de eigenlijke startdatum van de nieuwe combinatie was 1 januari 1994.

Het was van aanvang af geen kort en dus geen goed beraad. De onderhandelingen liepen alsmaar vertraging op. Een korte opsomming van feiten is hiervoor illustratief. In januari werd een en ander voor de buitenwereld via een persbericht wereldkundig gemaakt. De zestien werkgroepen met concrete taken om de daadwerkelijke onderhandelingen te faciliteren rapporteerden in april. De directies kregen toen van hun achterban de toezegging om de echte onderhandelingen in te gaan, onderhandelingen die zich echter alsmaar voortsleepten. Uiteindelijk ging men pas na de zomer 'echt' de diepte in. In september begon de problematiek rond de keuze van een Amerikaanse partner op te spelen. Er werd zelfs overwogen dit vraagstuk buiten het 'Memorandum of Understanding' te laten.

Medio september waren de rapen gaar. Er kwamen zichtbare barsten in 'Fort Alcazar'. De KLM-leiding bleef Northwest Airlines belangrijker vinden dan Alcazar. Begin november werd nog een laatste (wanhoops)poging ondernomen. Op 21 november 1993 viel het doek voor Alcazar. De KLM-leiding trok in Huis ter Duin te Noordwijk de stekker uit het stopcontact. Na elf maanden vruchteloos onderhandelen kon de vlag halfstok.

Typerend voor de hele gang van zaken was het onderschrijven van het principe-akkoord, het 'Memorandum of Understanding'. Het 'Memorandum of Understanding' was opgesteld in juni maar de ondertekening daarvan werd keer op keer uitgesteld. De ondertekening zou eerst op 15 september plaatsvinden. Toen die datum niet werd gehaald werden achtereenvolgens 28 september en 12 oktober als nieuwe streefdata vastgesteld. Beide data werden eveneens niet gehaald. De druk op de ketel nam daardoor alsmaar toe. Onderhandelingen zijn nietszeggend als 'harde deadlines' voortdurend worden overschreden. 'Uitstel' betekende ook in dit geval het niet onverwachte 'afstel'.

Zwarte pieten

Op 21 november, de Dag des Oordeels, werd het navolgende officiële bericht gepubliceerd:

"Austrian Airlines, KLM, SAS en Swissair hebben hun onderhandelingen beëindigd over het Alcazar-project, dat in een vergaande alliantie voorzag. In een gezamenlijke bijeenkomst op zondag 21 november in Nederland werd vastgesteld dat onder de luchtvaartmaatschappijen een fundamenteel verschil van inzicht

bestaat over een Amerikaans samenwerkingsverband. Ondanks het feit dat een bevredigende vooruitgang was geboekt op de voornaamste onderhandelingspunten, moesten de partijen tot hun spijt concluderen dat de keuze voor een Amerikaanse partner niet kon worden gemaakt. De gesprekken, die vroeg in het jaar van start waren gegaan, werden gehouden in een constructieve en positieve sfeer. De complexiteit en het gewicht van de onderhandelingspunten maakten het noodzakelijk om afdoende tijd te nemen, zodat de beslissingen met de grootst mogelijke zorgvuldigheid konden worden genomen."

Kasteel Alcazar bleek een luchtkasteel te zijn. De KLM-leiding was niet bereid Northwest Airlines te slachtofferen. Het KLM/Northwest Airlines-huwelijk hield stand, ondanks de aantrekkelijke Europese vrijers. De Nederlandse overheid stond achter het stopzetten van de besprekingen en bleef de KLM-leiding steunen in haar zoektocht naar een Europese partner. Het kabinet was het met de KLM-leiding eens dat het opgeven van Northwest Airlines onverstandig was. Samenwerking akkoord, maar niet tegen elke prijs. De steun uit Den Haag had natuurlijk vooral te maken met het exclusieve, in 1992 geëntameerde *open skies agreement* met de Verenigde Staten en de daarbij horende antitrustregeling voor het KLM/Northwest Airlines-samenwerkingsverband. Die samenwerking was daarmee in institutioneel opzicht ijzersterk ingebed en mocht ongehinderd uitgroeien tot een toonaangevende marktpartij.

Het afspringen van de fusie-onderhandelingen met Swissair, SAS en Austrian Airlines kwam de KLM evenwel duur te staan. De koers van het aandeel KLM dook met maar liefst acht procent naar beneden. Over een financiële motie van wantrouwen gesproken. De financiële wereld kon het opblazen van het Alcazar-project niet waarderen. Gedurende 1993 was de koers van het KLM-aandeel nog sterk vooruitgelopen op de daadwerkelijke *deal*. De KLM was ook in dat opzicht terug bij af. Het vertrouwen van de beleggers werd in de ijskast gezet. Wat de financiële wereld vooral stoorde was het totale gebrek aan consistentie in de strategie. Het verhaal dat de KLM prima op eigen kracht verder zou kunnen ging er niet in. Men was nota bene twee jaar lang aan het onderhandelen geweest (eerst met British Airways daarna in Alcazar-verband). Je onderhandelt niet twee jaar lang intensief over een samengaan met andere maatschappijen als je net zo goed op eigen benen kunt staan.

Na het mislukken van de onderhandelingen was het weer 'zwarte pieten' geblazen. Zoals altijd hadden andere partijen 'het gedaan'.

De Zwitserse pers was ervan overtuigd dat de KLM de boosdoener was. Een krantenkop als 'Koppige eigenwijsheid van KLM oorzaak breuk' spreekt in dit verband boekdelen. Het dagblad *Le Nouveau Quotidien* schreef:

"De mislukking van het levensvatbare project is veroorzaakt door de gulzigheid van de Nederlanders. Naast eerst Rotterdam tot de eerste haven van Europa te hebben gemaakt, moest Amsterdam het middelpunt van de luchtvaart worden met Zürich en Genève als achtergeschoven provinciestadjes."

Otto Loepfe, topman van Swissair en na het mislukken van de onderhandelingen ongelukkig met de gang van zaken, zei in het voorjaar van 1994 tijdens de presentatie van de cijfers van de Zwitserse luchtvaartmaatschappij dat Alcazar voor hem een aantrekkelijke optie bleef. Loepfe hield evenwel nog steeds vast aan partner Delta Airlines. Zijn standpunt was begrijpelijk, evenals het standpunt van de KLM-leiding vast te houden aan het *partnership* met Northwest Airlines.

Austrian Airlines was eveneens teleurgesteld, maar had nu haar handen vrij voor de besprekingen met grote broer Lufthansa. Austrian Airlines moest wel iets doen, want het was zwaar verliesgevend. Het verloor op het moment van het afbreken van de besprekingen ongeveer 2 miljoen shilling per dag, ongeveer 100 miljoen gulden op jaarbasis. De besprekingen met Lufthansa hadden in het bijzonder betrekking op het aanhalen van de banden op het gebied van marketing en het onderhoud van vliegtuigen.

Kater

Alcazar leidde tot een bestuurlijke debacle voor de KLM. En dat terwijl de Europese Commissie zich bij monde van commissaris Karel van Miert positief over een eventueel samengaan had uitgelaten. Een samenwerking had op een 'welwillende beoordeling door de Commissie' kunnen rekenen. Van Miert zei daar in augustus 1993 in het Duitse *Handelsblatt* het volgende over:

"Als je enerzijds wilt dat er één markt komt in de luchtvaart, kun je niet anderzijds zeggen dat er geen grensoverschrijdende samenwerking mag zijn."

Het laten vallen van bepaalde vliegroutes was waarschijnlijk een belangrijke, maar handen en voeten te geven randvoorwaarde geweest. KLM had met andere woorden ook de 'institutionele' wind in de rug.

Vrijwel alle partijen hadden een forse kater opgelopen. SAS kon op zoek gaan naar een nieuwe topmanager. De door de wol geverfde Jan Carlzon, nota bene twaalf jaar lang *Chief Executive Officer*, had zich helemaal van zijn bestuurlijke SAS-taken losgemaakt, om zich volledig op de onderhandelingen te kunnen richten. Carlzon was een van de stuwende krachten van Alcazar. Hij stond al vanaf het midden van de jaren tachtig bekend als prediker van het evangelie van transnationale samenwerking. Op het *moment suprème* zakte Carlzon echter door het ijs. Het was hem niet gelukt de van mening verschillende partijen op één lijn te krijgen. Hij was ontgoocheld en keerde niet terug op het thuishonk [4].

Pieter Bouw had ook iets uit te leggen. Bouw riep al jaren achtereen dat de KLM een partner nodig had. KLM kon naar zijn mening niet zelfstandig overleven. Toch was de KLM na al die jaren onder zijn bewind nog steeds een zelfstandige vrijer met wie het maar niet wilde lukken. Bouw begon de schijn tegen te krijgen. Het één roepen (vergaande strategische samenwerking), maar ondertussen het ander doen (geheel zelfstandig blijven) [5].

Swissair-president Loepfe beet eveneens in het stof. Hij was van mening dat de vier maatschappijen een unieke kans hadden laten liggen om via één mega-*deal* de sterkste maatschappij van Europa te worden. Swissair zou na het mislukken van Alcazar andermaal op zoek moeten gaan naar één dan wel meerdere Europese partners. Als men bij Swissair al iets had 'verloren' tijdens de onderhandelingen dan was het wel het geloof in de plausibiliteit van het 'going it alone'-scenario.

Voor de KLM waren vooral de strategische en psychologische gevolgen onaangenaam. Het was niet gelukt langs de weg van een samengaan de kosten structureel te verlagen - een heet hangijzer voor niet alleen de KLM maar ook de andere Alcazar-partners. Het was ook niet gelukt het Europese marktaandeel aanmerkelijk op te voeren. Dat was uiteindelijk het belangrijkste doel van de samenwerking: consolidatie op de Europese thuismarkt. Naast British Airways, Lufthansa en Air France zou Alcazar de vierde grote partij moeten worden op het Europese continent. De KLM moest wat dat betreft opnieuw de draad oppakken. Vervelend was ook dat er een gevoel van onbehagen over de toekomstige alliantiemogelijkheden begon te ontstaan. Het was immers de tweede maal in korte tijd dat veelbelovende en veelbesproken onderhandelingen op niets waren uitgelopen. Dat hier geen motiverend effect vanuit gaat spreekt voor zich.

Er was ook sprake van positief nieuws. Het lukte de KLM bijvoorbeeld steeds beter om de kosten onder controle te krijgen. De kosten waren in het kader van uiteenlopende kostenbeheersingsprogramma's vanaf 1991 met 13 procent gedaald. De productiviteit was het laatste jaar met 10 procent toegenomen - sinds 1990 ging het om een toename van 35 procent. De KLM was daarmee leidend in Europa. KLM had voorts haar marktpositie weten te verbeteren. De groei van de KLM was tweemaal zo groot als het Europese marktgemiddelde. Verder was de kwaliteit van de dienstverlening aan passagiers aanmerkelijk verbeterd. *Last but not least* begon ook partner Northwest Airlines als een fenix uit haar as te herrijzen. Gedurende de onderhandelingen versterkte de autonome positie van de KLM, terwijl SAS, Swissair en Austrian Airlines het stuk voor stuk steeds moeilijker kregen. Waar Swissair, SAS en Austrian Airlines steeds afhankelijker werden van de uitkomst van Alcazar, daar werd de KLM steeds onafhankelijker van de uitkomst van de fusie-onderhandelingen.

Direct na het afketsen van de fusiegesprekken maakte de KLM-leiding bekend nogmaals een kostenbesparingsoperatie door te willen voeren. Deze exercitie zou een structurele besparing van ongeveer 700 miljoen gulden op jaarbasis moeten opleveren. Met deze besparing wilde de KLM-leiding de kostenvoordelen van het samengaan met Swissair, SAS en Austrian Airlines alsnog binnenhalen. De kostenbesparingsronde zou boven op de lopende kostenprogramma's komen. De KLM-leiding liep daarmee serieus vooruit op een periode van zelfstandigheid. De broekriem moest worden aangetrokken, want ook de samenwerking met Northwest Airlines zou verder moeten worden uitgebouwd. De vertraging van de liberalisering op de Europese markt, mede een gevolg van de economische recessie, fungeerde daarbij als opsteker. De KLM-leiding had daardoor meer tijd om in eigen huis orde op zaken te stellen.

Northwest Airlines was blij dat de fusiegesprekken waren afgeblazen. De positie van Northwest Airlines als exclusieve Amerikaanse partner van KLM stond immers continu op het spel. John Dasburg, topman van Northwest Airlines, zei het als volgt:

"Het vertrouwen, begrip en relaties die de afgelopen jaren binnen de twee organisaties zijn opgebouwd zal derden jaren kosten om te kopiëren, als ze überhaupt gekopieerd kunnen worden. De prestaties van de KLM/Northwest-alliantie zijn werkelijkheid en meetbaar, maar zij zijn nog maar het begin van wat de alliantie in de komende jaren kan bereiken. KLM heeft besloten, en daar zijn wij het volledig mee eens, om de aandacht weer volledig te richten op de alliantie. KLM en Northwest hebben samen de moeilijkste economische periode in de Amerikaanse luchtvaarthistorie doorstaan. Northwest heeft in deze periode de kosten en financiën drastisch gereorganiseerd en verkeert nu in een sterke positie. KLM heeft op eigen wijze gereageerd op de uitdagingen. Het is nu de tijd voor verdere uitbreiding van het derde luchtvaartnet in de wereld, dat nu 380 steden in 81 landen bedient."
Bron: De Telegraaf, 23 november 1993.

'Stand alone'-scenario

Als iets duidelijk was geworden, dan was het wel dat Alcazar had aangetoond dat Europa nog niet klaar was voor een mega-alliantie en dat alle topmannen zich in het avontuur hadden verslikt. De politieke druk vanuit de verschillende moederlanden en de Verenigde Staten had ex post een doorslaggevende rol gespeeld. Zo kwam *NRC Handelsblad* met de onthulling dat de voorzitters van de commissies voor de luchtvaart in het Amerikaanse Congres tijdens de onderhandelingen de politieke druk langzaam hadden opgevoerd. Een betrokkene uit Den Haag zei daarover het navolgende:

"We kregen ... duidelijke indicaties vanuit de VS dat een mogelijk verbreken van de band tussen de KLM en Northwest Airlines door de Amerikaanse regering zwaar zou worden opgenomen ... De betrekkingen tussen Nederland en de Verenigde Staten zouden worden vertroebeld."
Bron: NRC Handelsblad, 30 december 1993.

Alcazar kon - en 'mocht' - niet doorgaan. Topman Pieter Bouw moet het er niettemin heel moeilijk mee hebben gehad. In een persoonlijk vraaggesprek met een journalist zei hij bijvoorbeeld over de keuze tussen Alcazar en Northwest Airlines:

"Het was kiezen tussen het afhakken van mijn rechterhand en mijn linkerhand ... Ik ben rechts, en koos dus mijn linkerhand."

De politieke inbreng van de Nederlandse overheid (die vooral de schade in de Amerikaans-Nederlandse betrekkingen wilde voorkomen) had een interessante dimensie voor de KLM. KLM zou afzien van participatie in 'Euro-carrier' Alcazar, maar wilde daar wel iets, namelijk financiële steun, voor terug. KLM zou in ieder geval op korte termijn handen en voeten moeten geven aan het dure 'go it alone'-scenario. Daarvoor moest de balans worden versterkt. De Nederlandse regering nam daarop haar verantwoordelijkheid door een steunbetuiging in elkaar te timmeren. Een niet bij naam genoemde KLM-commissaris zei in *NRC Handelsblad* over de steun van de Nederlandse overheid het volgende:

"Het was vrij simpel ... We zeiden tegen de overheid: als jullie zoveel waarde hechten aan goede betrekkingen met de Amerikanen, dan hebben jullie de morele plicht om de KLM nu met geld ter zijde te staan."
Bron: NRC Handelsblad, 30 december 1993.

Alle vier de maatschappijen zochten nadien hun heil in het ontwikkelen van nieuwe producten, het verdiepen van de bestaande operationele allianties, het vergroten van de productiviteit en het beheersen van de kosten via ingrijpende kostenbeheersingsprogramma's. Alle Alcazar-bruiden waren nog vaak op de dansvloer te vinden.

Noten

[1] De overname van Hilton International, enkele jaren daarvoor, was door de raad van commissarissen van de KLM getorpedeerd. Daarmee werd de raad van bestuur in haar hemd gezet, een unicum in de Nederlandse (grote) bestuursgeschiedenis.

[2] De maatschappijen begonnen mede als gevolg van de slechte financiële *performance* in toenemende mate te twijfelen aan de haalbaarheid van de geroemde synergetische effecten. Vooral Swissair zette kanttekeningen bij de op middellange termijn (3 tot 5 jaar) te realiseren synergie-effecten in de orde van grootte van 1 miljard Ecu per jaar.

[3] Zie voor andere en overeenkomstige voorbeelden: P.K. Jagersma, "Internationaal Management", Stenfert Kroese, Leiden, 1996. Zie ook: P.K. Jagersma, "Global Strategy", Inspiration Press, Brussels, 2000.

[4] Carlzon kreeg overigens al in een eerder stadium veel kritiek te verduren. Hij was er niet in geslaagd SAS winstgevend te houden. SAS presteerde in financieel opzicht erg slecht. Ook de slechte en maar niet van de grond komende operationele samenwerking met het verliesgevende Continental Airlines werd hem persoonlijk aangerekend.

[5] Interessant was ook de toezichthoudende rol van de raad van commissarissen. De raad van commissarissen had de directie in haar eigen mes (lees: complexiteit) laten vallen. De commissarissen hadden veel eerder aan de bel moeten trekken. De raad van commissarissen had veel stelliger in haar toezicht moeten zijn. Een Europese fusie zonder een Verenigd Europa in een politiek gevoelige bedrijfstak is nu eenmaal een brug te ver. KLM vormde met Northwest Airlines de derde luchtvaartmaatschappij ter wereld. Men miste nog een partner in Azië voor een 'echte' *global airline*. Daar had de prioriteit moeten liggen, niet bij het consolideren van de Europese markt. Azië was per slot van rekening de groeimarkt van de toekomst, niet Europa.

4. EEN SLECHT LOPENDE MASERATI

Op een zonnige namiddag in juli 1997 zei Gros-Pietro, topman van IRI, Alitalia's grootaandeelhouder, tegen een Italiaanse journalist, dat de KLM een ideale, 'complementaire partner' was voor Alitalia, de nationale Italiaanse luchtvaartmaatschappij. Alitalia, in grootte de vierde luchtvaartmaatschappij van Europa, was op dat moment druk in de weer een aantrekkelijke partner aan de haak te slaan. Men probeerde aanvankelijk Air France te betoveren, maar was tot de conclusie gekomen dat de routenetwerken te veel overlap vertoonden. Daar kwam bij dat Air France qua omvang minder aantrekkelijk was voor Alitalia. Air France was namelijk aanmerkelijk groter dan Alitalia en dat was vanuit het perspectief van het Alitalia-management ongewenst. Alitalia zou op termijn door moloch Air France opgeslokt kunnen worden, hetgeen geen aantrekkelijk vooruitzicht was voor de ijdele Italianen.

De Nederlandse luchtvaartmaatschappij KLM was volgens het management van Alitalia veel aantrekkelijker. 'Kwaliteit' was het leidende motto van de KLM. De KLM was bovendien kleiner en had - in tegenstelling tot Air France - een complementair routenetwerk. KLM was daarnaast goed renderend en marktgericht, woorden die men niet in het Franse woordenboek kon aantreffen. De kosmopolitische instelling van het management van de KLM sprak veel Italiaanse managers en bestuurders aan. Ook de Italiaanse media waren gecharmeerd van de 'zwaan' uit Amstelveen. De nationale en regionale politiek had zo haar bedenkingen - waarover later meer.

De KLM op haar beurt, was al een tijdje op zoek naar een partner. Dat ging bepaald niet gemakkelijk. De meeste 'danspartners' beperkten zich tot één dans. De twee intieme vrijages die met respectievelijk British Airways en SAS, Swissair en Austrian Airlines (in het kader van het project 'Alcazar') plaatshadden, draaiden enkele jaren daarvoor op niets uit. De interesse van Alitalia kwam de leiding van de KLM niet slecht uit. Leo van Wijk, topman van KLM, had de nodige 'blauwtjes' opgelopen en snakte naar een partner waarbij het goed toeven zou zijn. Alitalia was niet zomaar een potentiële vrijer. Alitalia was voor de KLM-top een aantrekkelijke partner. De maatschappij was ongeveer even groot, had nogal wat (verbeter)potentieel, vloog op vele bestemmingen die niet door de

KLM werden bediend, beschikte over twee belangrijke vliegvelden en had een sterke positie in (continentaal-)Europa. De KLM-leiding bevestigde om die reden al in een vroeg stadium dat het met Alitalia inleidende gesprekken voerde over 'een alliantie'. De alliantie zou verder moeten gaan dan louter *code sharing* - het vliegen onder één vluchtnummer. De KLM-leiding, wijzer geworden door de vele voorgaande mislukkingen, bagatelliseerde aanvankelijk de berichtgeving rondom de gesprekken en stelde nadrukkelijk dat men met vele, uiteenlopende partijen in gesprek was. Je moet een knap meisje per slot van rekening wel het gevoel geven dat ze niet de enige is.

Zwaan kleef aan?

Voorzichtigheid troef dus. Daar kwam bij dat Alitalia bepaald niet de meest succesvolle Europese luchtvaartmaatschappij was. Alitalia, voor 90 procent in handen van de staatsholding IRI en voor 10 procent 'publiek' bezit, was al negen jaar verliesgevend en bij nader inzien een voorbeeld van hoe het eigenlijk niet moest in de luchtvaartindustrie. De luchtvaartmaatschappij had de afgelopen jaren de ene na de andere reorganisatie lijdzaam moeten ondergaan. Het wekt dan ook geen verbazing dat bij de respectievelijke reorganisaties duizenden medewerkers waren ontslagen. Alitalia deed alles om het hoofd boven water te houden. Men werd daarbij vooral door de Italiaanse overheid in de lucht gehouden - met alle gevolgen van dien. De openlijke steun van de Italiaanse regering werd namelijk al enige tijd door EU-autoriteiten betwist. De Italiaanse regering had voor het op de been houden van Alitalia gedurende de tweede helft van de jaren negentig nota bene NLG 3,8 miljard gulden gereserveerd. Brussel had zo haar twijfels over deze vorm van openlijke 'staatssubsidiëring'.

Alitalia was verslaafd aan het wegwerken van achterstallig onderhoud en daardoor zelden *up-to-date* met andere, concurrerende luchtvaartmaatschappijen. De service was slecht, de vluchten waren in vergelijking tot regionale concurrenten vaak veel duurder, er werd voortdurend gestaakt vanwege de massa-ontslagen, vertragingen waren aan de orde van de dag en het woord 'overboeking' had een prominente plaats ingenomen in het corporate jargon van Alitalia. Alitalia stond dan ook bij menigeen bekend als 'Always Late In Take-off, Always Late in Arrival'. Kortom, het was voor de met Alitalia vliegende passagier behelpen geblazen.

Voormalig president-directeur Pieter Bouw van de KLM (de voorganger van Leo van Wijk) had tijdens zijn 'afscheidstournee' langs de nationale en internationale pers evenwel duidelijk gemaakt, dat Alitalia - hoewel voorzien van de nodige krassen op haar reputatie - een aantrekkelijke partner voor de KLM zou zijn. De eerdergenoemde redenen waren wat dat betreft klip en klaar. Voor de 'insiders' geen verrassende mededeling. De KLM-leiding bleek al sinds het begin van 1996 contact te hebben met de leiding van Alitalia, zonder dat er overigens van feitelijke onderhandelingen sprake was. In de luchtvaartindustrie spreekt namelijk iedereen met iedereen, dus de contacten met Alitalia waren in dat opzicht niet in het oog springend. De gesprekken tussen beide partijen werden echter al snel concreter.

Omdat Alitalia in een aantrekkelijk 'achterland' van Europa - Zuid-Europa - opereerde, was men vanuit strategisch oogpunt voor de KLM meer dan 'zomaar' interessant. Alitalia beschikte voor het bewerken van Zuid-Europa over twee luchthavens: Rome en Milaan. De verbindingen met Afrika en het Midden- en Verre Oosten werden eveneens via Rome en Milaan onderhouden. De KLM was vooral actief op de Noord-Atlantische route - tel maar uit je synergetische voordelen. Van Wijk zag wel wat in een nieuwe 'hub'. In het onafhankelijke luchtvaartblad *Zakenreis* zei Van Wijk over het belang van een extra luchthaven (naast Schiphol) het volgende:

"Een tweede 'hub' kun je niet zelf opbouwen. We zoeken bewust naar goed geoutilleerde luchthavens die wat verder van Amsterdam liggen dan Londen, Frankfurt en Parijs. Hoe dichter in de buurt van Schiphol, hoe minder interessant een tweede mainport voor ons in Europa kan zijn."
Bron: Zakenreis, december 1997.

Alitalia opereerde vanuit een aantrekkelijke, dichtbevolkte thuismarkt en vloog op 57 landen. Alitalia's binnenlandse markt was in de periode 1995-1997 met ruim 12 procent gegroeid. Dat stemde de KLM tot grote tevredenheid. Ook zou de KLM haar identiteit niet noodzakelijkerwijs hoeven te verliezen. British Airways bijvoorbeeld, was veel groter dan de KLM. De KLM zou bij een vergaande samenwerking met British Airways volledig in British Airways opgaan, zoveel was wel duidelijk geworden tijdens eerdere besprekingen met de Britse tegenhanger. Alitalia was qua omvang vergelijkbaar en daarmee aantrekkelijk voor de KLM-leiding. Verder stelde Alitalia de KLM in staat haar Europese marktaandeel op te krikken en wel van zeven naar vijftien procent. Dit was een belangrijk gegeven, want de

KLM-leiding aasde al vele jaren op een groter Europees marktaandeel - hetgeen op eigen kracht maar niet wilde lukken. De bezettingsgraad van KLM-toestellen op de Europese routes zou verhoogd kunnen worden, hetgeen om uiteenlopende redenen aantrekkelijk was. De belangrijkste reden: de verlieslatende Europese routes zouden daardoor winstgevend gemaakt kunnen worden. En dat werd hoog tijd.

Ook Northwest Airlines, de Amerikaanse partner van KLM, was blij met een eventuele Europese verruiming van de alliantie met de KLM. Alitalia werd daarbij als een aantrekkelijke KLM-partner gezien. Northwest Airlines zag vooral veel in de noordelijke 'hub' van Alitalia - vliegveld Malpensa (Milaan). De KLM was eveneens ingenomen met de met steun van de Europese Unie (lees: de Europese Investeringsbank) gemoderniseerde luchthaven Malpensa. Er was samen met de Italiaanse regering ruim 3 miljard gulden ingepompt. Het zou de tweede moderne Europese hub van de KLM kunnen worden. Daar zou de KLM andere Europese luchtvaartmaatschappijen de loef mee af kunnen steken. Malpensa had vanuit internationaal perspectief een zeer aantrekkelijk regionaal verzorgingsgebied van reizigers. Tegen de achtergrond van de steeds nijpender Schiphol-problematiek geen onaantrekkelijk gegeven. Tot slot hadden beide maatschappijen verschillende, vaak niet direct met elkaar concurrerende partners: KLM had Northwest Airlines, Braathens, Martinair, Transavia, KLM Cityhopper, Air UK, KLM Exel, Regional Airlines en Kenya Airways als partner, terwijl Alitalia Malev, British Midland, Canadian Airlines, Azurra, Minerva, Eurofly, Czech Airlines, Maersk Air, Gulf Air, Cyprus Airways, Continental Airlines, Finnair, Lot en Korean Air als partner had. De weg naar een *partnership* - in welke hoedanigheid dan ook - lag met andere woorden open.

De 'wereldalliantie' met Alitalia had niettemin een keerzijde. In willekeurige volgorde en om kort te gaan: de te saneren (enorme) schuldenlast, de relatief oude vloot toestellen (de vloot van de KLM was gemiddeld acht jaar oud, die van Alitalia meer dan tweemaal zo oud), de 'andere' bedrijfscultuur (met als uitingsvorm, onder meer, 'bestuurlijke stroperigheid'), de grote invloed van de factor politiek in Italië, een kwalitatief inferieur internationaal routenetwerk en de sterke positie van de bonden (die in de raad van bestuur vertegenwoordigd waren). Een probleem van een geheel andere orde was de rondom Malpensa bestaande logistieke infrastructuur, of beter gezegd: geen infrastructuur. Malpensa mocht dan wel een modern vliegveld zijn, het wegen- en spoorwegennet daarnaartoe, was slecht tot geheel niet ontwikkeld - een Maserati zonder goed werkend motorblok. De KLM-leiding heeft het geweten.

Memorandum of Understanding

De topman van Alitalia, Domenico Cempella, was een oudgediende. Hij werkte al 35 jaar bij de Italiaanse luchtvaartmaatschappij en was in het voorjaar van 1996 de bij Texas Instruments weggeplukte Schisano opgevolgd. Voorganger Schisano was vooral aangetrokken om de maatschappij marktgerichter te maken, hetgeen hem niet was gelukt - volgens ingewijden een 'mission impossible'. Cempella sneed van meet af aan in de hoogste managementlaag en ging net als zijn voorganger voortvarend te werk. Zijn manier van doen had na verloop van tijd enig effect (met het accent op 'enig'). Het eerste halfjaar van 1997 werd bijvoorbeeld winstgevend afgesloten. Een prestatie van jewelste, want dat was de maatschappij in geen tien jaar gelukt. De personeelskosten waren voorts met twaalf procent gedaald. Het aantal passagiers was fors toegenomen: zeven procent. De bezettingsgraad van de vliegtuigen vertoonde eveneens een significante aanwas: van 67,7 naar 70,4 procent.

De onderhandelingspositie van de KLM was echter van meet af aan sterk, omdat de KLM-resultaten - in tegenstelling tot de resultaten van Alitalia - al enkele jaren achtereen een stabiele en gunstige ontwikkeling lieten zien. In de eerste helft van 1997 bedroeg de nettowinst uit gewone bedrijfsuitoefening maar liefst NLG 653 miljoen. Het halfjaarbedrijfsresultaat bedroeg NLG 754 miljoen. Belangrijk was dat het hier om het gevolg van een structurele bedrijfsverbetering ging. 'Focus 2000', het door de KLM ontwikkelde rationalisatieprogramma, nodig om de marge te kunnen verruimen, was nog maar één jaar effectief. De marge was dan ook al aanzienlijk verbeterd. Verder was de tarievenmix verbeterd en vertaalde de capaciteitsgroei zich in een verbeterde beladingsgraad. De KLM had met andere woorden de wind 'onder de vleugels'. De onderhandelingen met de Alitalia-directie konden vanuit een sterke positie worden gevoerd. Daarbij hielden de beide maatschappijen elkaar in numeriek opzicht mooi in evenwicht (zie kader).

Partners in de lucht

Plaats wereldranglijst: 13^e [KLM] en 19^e [Alitalia]
Inkomsten en productie passagierskilometers: 49,1 mrd [KLM] en 34,6 mrd [Alitalia]

Aantal vervoerde passagiers: 12,94 mln [KLM] en 19,87 mln [Alitalia]
Luchtvracht: 3,8 mrd ton [KLM] en 2,8 mrd ton [Alitalia]
Toestellen: 112 [KLM] en 144 [Alitalia]
Bestemmingen: 137 [KLM] en 102 [Alitalia]
Vliegcapaciteit in ton kilometers: 11.835 [KLM] en 7.122 [Alitalia]
Kosten per ton km: f 0,89 [KLM] en f 1,26 [Alitalia]
Omzet: $5,4 miljard [KLM] en $4,6 miljard [Alitalia]
Medewerkers: 26.030 [KLM] en 16.850 [Alitalia]
Gemiddelde loonkosten: f 132.000,- [KLM] en f 111.000,- [Alitalia]

Opmerking: KLM vervoert passagiers vooral internationaal, terwijl
Alitalia vooral binnen Italië passagiers vervoert.
Bron: Annual reports

In december 1997 was de strategische alliantie tussen de beide
maatschappijen naar eigen zeggen 'zo goed als rond'. Beide partijen
waren druk doende om een 'Memorandum of Understanding for a
Strategic Alliance' op te tuigen. Air France bleef evenwel op de
achtergrond een niet te onderschatten tegenstander voor de KLM. Er
was namelijk in het Italiaanse kamp sprake van enige verdeeldheid.
Vooral enkele invloedrijke politici waren om hun moverende redenen
voor een alliantie met Air France in plaats van de KLM. Vooral enkele
prominente nationale Italiaanse politici hadden een aperte voorkeur
voor een alliantie met Air France. Op die manier zou men namelijk de
steun van Parijs verwerven voor directe toetreding van Italië tot de
EMU - op dat moment een heikel politiek (want vooral financieel)
onderwerp. De kritische opstelling van Nederland jegens de
Italiaanse toetreding - in het bijzonder de opvattingen van minister
Zalm daaromtrent - spraken die Italiaanse politici bepaald niet aan.
De leiding van Alitalia was echter van mening, dat de alliantiepartner
op strategische en operationele gronden in plaats van op politieke
gronden gekozen zou moeten worden. De Alitalia-top was bevreesd
dat de privatisering van Alitalia door een alliantie met Air France op
de lange baan zou worden geschoven. Air France was namelijk nog
een staatsmaatschappij pur sang. De leiding van Alitalia vond dit een
weinig aanlokkelijk vooruitzicht - *back to the dark ages*. KLM was hun
numero uno.

Air France was echter lange tijd een 'geduchte tegenstander' van de
KLM. Ook de nog steeds invloedrijke communistische partij in Italië
had een voorkeur voor Air France. De toenmalige premier Romano
Prodi, later voorzitter van de Europese Commissie, had zo zijn eigen
politiek-strategische agenda. Volgens de Italiaanse pers was Prodi

een uitgesproken voorstander van een alliantie met Air France. Daar kwam nog eens bij dat de communistische partij een 'partner' was van Prodi's centrum-linkse kabinet. Hoewel men geen deelgenoot van het Italiaanse kabinet was, genoot men toch de nodige invloed. Het 'duel' tussen Air France en de KLM werd voorts van het nodige drama voorzien. Air France liep namelijk op haar laatste benen. Eens de grootste maatschappij van Europa (op dat moment afgezakt naar positie nummer drie) en dat zonder een zo belangrijk geachte Amerikaanse partner. De meeste grote Europese maatschappijen hadden inmiddels verkering dan wel waren verloofd met een Amerikaanse partner. Air France presteerde slecht en stond er internationaal alleen voor. In goed Nederlands: men stond zowel financieel als strategisch met de rug tegen de muur. Dit was de Franse president Chirac een doorn in het oog. Het eens zo roemruchte Air France dreigde tot een middenmoter te verworden. Chirac oefende dan ook grote druk uit op Prodi om af te zien van een alliantie tussen de KLM en Alitalia. Air France zou de aangewezen partner zijn voor Alitalia. Eens temeer werd duidelijk, dat de luchtvaartindustrie vooraleerst een politieke industrie is met eigen, daarvan afgeleide wetmatigheden [1]. Luchtvaart heeft weinig tot niets te maken met economische wetmatigheden.

Alitalia - of eigenlijk de Italiaanse politiek - koos uiteindelijk sneller dan verwacht voor de KLM. Men had de Franse politieke druk kunnen weerstaan en expliciet gekozen voor intensivering van de relatie met de KLM. De 'economische' en 'managerial' motieven van het Alitalia-management hadden daarbij de doorslag gegeven. De Italiaanse politiek ging na het nodige politieke gescherm overstag en kwam uiteindelijk 'op eigen kracht' in de EMU terecht. Alitalia fungeerde daardoor niet langer als pion op het schaakbord van de Italiaanse en Europese politiek.

Op 16 december 1997 ging de kogel door de kerk. Het 'Memorandum of Understanding' was een feit. Het 'Memorandum of Understanding' was in ondubbelzinnige taal opgesteld. KLM en Alitalia participeerden niet in elkaars aandelenkapitaal. Er zou met andere woorden geen sprake zijn van een *cross-equity alliance*. Aandelenparticipaties, maar ook kruislingse participaties, werden in de toekomst echter niet uitgesloten. Het ging om een vergaande technische en commerciële samenwerking. Zo zouden gezamenlijke vluchten onder één vluchtnummer worden uitgevoerd, het bekende *code sharing*. De routenetwerken zouden worden gestroomlijnd (lees: in elkaar worden geschoven), om te beginnen in Europa en op de drukke en belangrijke Noord-Atlantische routes. Verder zou de dienstverlening aan cliënten (van in het bijzonder Alitalia) verbeterd worden. Harmonisatie van het merkenbeleid en het vlootbeheer zou eveneens plaatshebben. Ook de beloningsprogramma's van *loyal clients* zouden op elkaar worden afgestemd. De rol van de partners van beide maatschappijen, in het bijzonder de rol van KLM's 'grote broer' Northwest Airlines, was vooralsnog onduidelijk. Het intensiveren van de relatie tussen Northwest Airlines en Alitalia was een lastig te nemen hobbel, omdat Italië en de Verenigde Staten nog geen *open skies agreement* hadden gesloten. Italië en de Verenigde Staten hadden dus nog geen vrije toegang tot elkaars luchtruim. Deze hobbel zou op termijn echter (door de politiek) geëgaliseerd moeten worden. Daarop had Alitalia vooralsnog geen majeure invloed.

Het 'Memorandum of Understanding' was in zeker opzicht teleurstellend, omdat de feitelijke alliantie pas vanaf 1 november 1998 effectief zou worden. Vanaf 1 november 1998 zou de strategische alliantie dus operationeel zijn. Tot dat moment zou men op zoek gaan naar de juiste manier van operationele samenwerking. Op zich begrijpelijk, al was het een teleurstellende mededeling. Snel 'schakelen' was er met andere woorden niet bij, met alle risico's van dien. Zou men hierdoor het momentum wel vast kunnen houden? In een jaar kan immers van alles en nog wat misgaan.

De direct betrokkenen moesten echter het nodige werk verzetten. Zo zou bijvoorbeeld de verdeelsleutel van de meeropbrengsten van de strategische alliantie bepaald moeten worden: wie krijgt wat en waarom? Dat zou geen eenvoudige opgave zijn, omdat ook Northwest Airlines als partner van de KLM in de meeropbrengsten mee zou moeten delen. Verder zou nog de instemming van de Europese Commissie verkregen moeten worden. Ook het businessplan moest nog ingevuld worden. Het rudimentaire raamwerk mocht er dan wel staan, de *nitty-gritty details* moesten nog op een rij worden gezet. De lucht was met andere woorden nog lang niet geklaard. De langdurige aanloopperiode zou vanuit diverse opzichten als 'proeftijd' opgevat kunnen worden. In feite betrof het een uitgestelde liefdesverklaring.

De Italianen waren dolblij met de KLM als partner. Naast de eerdergenoemde voordelen hoopte men op deze manier onder de vervelende beperkende voorwaarden van Brussel uit te komen. De Europese Commissie had namelijk de forse overheidssteun aan Alitalia aan allerlei nauwgezette randvoorwaarden gebonden. Die beperkende bepalingen hadden een 'wurgend' effect op de expansie van Alitalia. De bestuurlijke speelruimte was daardoor nihil. Zo mocht Alitalia bijvoorbeeld als gevolg van de staatshulp geen nieuwe vliegtuigen kopen. Alitalia mocht pas weer vliegtuigen kopen (lees: groeien) als het weer gezond zou zijn en niet structureel op overheidssteun zou moeten rekenen. De alliantie met de KLM zou het herstel van Alitalia kunnen versnellen, zodat men af zou kunnen zien van additionele (gereguleerde) staatssteun (reeds goedgekeurd door Brussel) en een beroep kunnen doen op de (vrije) kapitaalmarkt. Op deze manier zou Alitalia de beperkende maatregelen op een handige manier kunnen omzeilen. Het Alitalia-management liep over van enthousiasme. Topman Cempella zei in een interview met *NRC Handelsblad* over 'partner KLM' het volgende:

"De KLM is de maatschappij die zich het best ervoor leent om samen met Alitalia een wereldwijd netwerk te vormen dat zin heeft. De hubs, Amsterdam, Malpensa-Milaan en Rome, zijn geografisch prachtig gepositioneerd, van noord naar zuid in Europa, precies in het centrum van de verkeersstroom tussen oost en west. Als dat op een intelligente manier wordt uitgebouwd kunnen we werkelijk zeer fraaie resultaten bereiken, niet alleen voor de klanten, maar ook voor de maatschappijen."
Bron: NRC Handelsblad, "Voor Alitalia is de KLM de enige juiste keuze", 19 december 1997.

Alle direct betrokken Nederlandse partijen waren eveneens in hun nopjes. Schiphol was blij, want het zag het routenetwerk groter worden en het aantal vluchtbewegingen toenemen. Een sterkere positie van de KLM zou een versterking van Schiphol als *mainport* betekenen. Het ministerie van Verkeer&Waterstaat was eveneens tevreden, omdat de KLM weer een stapje verder was gekomen in haar streven een *global airline* te worden. Ook de ondernemingsraad van de KLM was tevreden met de gang van zaken. Men verwachtte geen inkrimping van het personeel bij de KLM.

De besparingen van de strategische alliantie waren indrukwekkend - althans de papieren besparingen, zo bleek uit een document van de raad van commissarissen van Alitalia. De Italiaanse zakenkrant *Il Sole 24 Ore* kwam met de primeur. Het bruto-inkomsteneffect van de alliantie zou voor beide maatschappijen maar liefst tussen de NLG 460 en 800 miljoen bedragen. De bomen leken tot aan de hemel te groeien. Dergelijke cijfers fungeerden als een gunstige voedingsbodem voor de voortgaande besprekingen, want hoewel de champagne goed smaakte moest het echte werk (de operationele integratie) nog beginnen. De sfeer was, zoals zo vaak bij dergelijke 'zichtbare' *cross-border deals*, *te* euforisch.

De KLM-leiding stond opmerkelijk kort bij de gesloten overeenkomst stil. Tijdens de ceremoniële ondertekening van de intentieverklaring stapte de KLM-leiding over allerlei (complexe) operationele vraagstukken heen en richtte haar vizier alweer op de volgende 'klus', te weten het vinden van een Aziatische partner om het gedachtengoed van een *global carrier* daadwerkelijk handen en voeten te geven. Topman Van Wijk deed daar tijdens de ondertekening van de intentieverklaring diverse uitspraken over:

" ..... Een andere prioriteit in het nieuwe jaar [1998, PKJ] is een partner in Azië, want die hebben we ook nodig. Pas als in die derde belangrijke geografische markt van het Verre Oosten partners zijn gevonden is sprake van een echt wereldwijde alliantie; dat is het doel waarnaar wij al jaren streven, die strategie ligt ten grondslag aan ons beleid."
Bron: De Telegraaf, "Alliantie bespaart KLM snel honderden miljoenen", 20 december 1997.

De KLM ging in zowel strategisch als operationeel opzicht kort door de bocht. Het hierboven geventileerde commentaar van Van Wijk was hiervoor illustratief. De praktijk van alledag bleek echter nogal weerbarstig te zijn.

Eerste barsten

De buitenwereld hoorde lange tijd niets van de beide tortelduifjes. Die waren, na elkaar het hof te hebben gemaakt, druk in de weer om elkaar beter te leren kennen. Pottekijkers kunnen dan gemist worden. Zo'n kennismakingsperiode is in de regel een kort leven beschoren. De KLM-Alitalia-'relatie' kreeg al snel met tegenwind ('windkracht 8') te maken. In het voorjaar van 1998 begon namelijk de lokale Italiaanse politiek zich te roeren. Romeinse politici begonnen langzaam maar zeker in te zien dat de alom bejubelde alliantie de positie van het lokale vliegveld Fiumicino zou ondermijnen. Sterker nog, de Alitalia-leiding was van plan ongeveer 10 procent van de Alitalia-vluchten op het Romeinse vliegveld Fiumicino te verplaatsen naar het Milanese vliegveld Malpensa. Het ging met andere woorden om een behoorlijke economische en logistieke aderlating. Dat schoot de Romeinse burgemeester en invloedrijke lokale politici volstrekt in het verkeerde keelgat. Er werd gesuggereerd, als zou dit onder druk van Alitalia-partner KLM zijn gebeurd. De KLM zou met andere woorden het kwade genius achter

132

dit plan zijn. Malpensa zou beter aansluiten op het intercontinentale KLM-netwerk en daarmee vooral voor de KLM van belang zijn. Het politieke lont was aangestoken, het daaropvolgende brandje begon al snel om zich heen te grijpen. Binnen enkele weken stond de 'KLM-Alitalia-case' in lichterlaaie.

De gemoederen liepen dermate hoog op, dat topman Cempella zich gedwongen voelde om zich via een open brief in *Il Sole 24 Ore* tegen de zijns inziens onredelijke aantijgingen te verdedigen. Het verplaatsen van de vluchten was volgens Cempella een zakelijke beweegreden, omdat Alitalia teveel klanten misliep in het Noorden van Italië waar maar liefst driekwart van alle tickets werden verkocht. De schattingen liepen daarbij uiteen van twee tot vier miljoen klanten op jaarbasis. Deze potentiële klanten vlogen vooralsnog met Swissair (via het nabijgelegen Zürich en Genève) dan wel Air France. De lokale Romeinse politiek was echter bang voor uitholling van haar luchtvaartpolitieke positie. De positie van Fiumicino zou door de plannen van de Alitalia-leiding aanmerkelijk verzwakken. Het verplaatsen van vluchten zou bovenal de reputatie van Rome als internationale hub beschadigen. Men zou op de 'internationale ranglijsten' terrein prijs moeten geven. Cempella probeerde waar mogelijk een en ander te relativeren. Het Romeinse vliegveld zou volgens hem een belangrijke aanvoer- en doorvoerhaven blijven voor toeristen, diplomaten en dergelijke. De lucht 'betrok' nog meer, omdat ook de nationale politiek zich ermee begon te bemoeien. Minister van Buitenlandse Zaken Lamberto Dini gooide met zijn opmerkingen een forse scheut olie op de inmiddels fors uitslaande brand:

"We onderschatten het strategisch belang van de overeenkomst met de Nederlandse maatschappij niet, maar het idee om Rome uit te sluiten van vele vluchten tussen de belangrijkste landen en Italië is gezien de verwachte komst van vele toeristen en pelgrims [2000 was voor de katholieke kerk het 'heilige jaar'; PKJ] moeilijk te begrijpen."
Bron: De Telegraaf, "Politieke ruzie in Italië rond 'hub' KLM in Milaan", 28 april 1998.

De Alitalia-directie reageerde furieus op Dini's steunbetuigingen aan het adres van de Romeinse politiek en was geenszins van plan de met ingang van de winterdienstregeling te verplaatsen 10 procent van de vluchten te schrappen. De Italiaanse regering moest er uiteindelijk aan te pas komen. Dini werd door *Il professore* Prodi (voormalig hoogleraar economie) op de vingers getikt. De nationale politiek sloot daarop de rijen en steunde de leiding van Alitalia in haar streven een deel van de vluchten van Rome naar Milaan te verplaatsen.

Op hetzelfde moment stak echter een ander probleem met een veel omvangrijkere politieke dimensie de kop op. Het nieuwe Milanese vliegveld Malpensa zou pas operationeel kunnen worden, na overheveling van een groot deel van de vluchten op het 'oude' Milanese vliegveld - Linate. De Italiaanse regering fungeerde in dit kader als 'grote roerganger', want veel buitenlandse luchtvaartmaatschappijen hadden hier een broertje dood aan. Zij waren immers gewend op Linate te vliegen, met alle commerciële en infrastructurele investeringen van dien. Linate was opgenomen in hun vluchtschema's en de klanten van die maatschappijen wisten niet beter dan dat ze op Linate zouden landen. Dit initiatief van de Italiaanse regering pakte in transnationaal politiek opzicht averechts uit.

Eind-juni 1998 maakte de Europese Commissie bij monde van de Europese Commissaris voor Transport, Neil Kinnock, bekend dat men grote moeite had met de poging van de Italiaanse regering om buitenlandse luchtvaartmaatschappijen te dwingen op Malpensa te vliegen in plaats van het dichter bij Milaan gelegen Linate. De buitenlandse luchtvaartmaatschappijen waren faliekant tegen de plannen van de Italiaanse regering, die bang was dat het dure, nog te openen Malpensa zonder grote, aansprekende namen/klanten zou blijven. De Italiaanse politiek realiseerde zich veel te laat wat de politieke consequenties waren van een dergelijke gedwongen overheveling. De factor 'Italiaanse politiek' liep voor de zoveelste maal achter de feiten aan. De buitenlandse maatschappijen hadden verder veel moeite met het feit, dat de infrastructuur rondom Malpensa nog lang niet op orde was. Die infrastructuur was belangrijk, omdat Malpesa op ongeveer 40 kilometer van Milaan lag, de eindbestemming van veel passagiers. Als passagier ben je in dat geval aangewezen op het openbaar vervoer dan wel de - dure - taxi. De spoorverbinding tussen Malpensa en Milaan zou echter niet eerder dan eind 2000 gereed zijn (...) Hoe vertel je dit als luchtvaartmaatschappij aan je veeleisende passagiers? De kritiek van de buitenlandse luchtvaartmaatschappijen was dan ook begrijpelijk.

Het werd voor een goed verstaander hoe langer hoe meer duidelijk, dat de alliantie nogal kwetsbaar was, ondanks alle loftrompetgeschal en de reeds vele opgestarte operationele samenwerkingsprojecten en -trajecten. Het *high-profile* karakter van de alliantie vertroebelde de ware gang van zaken. De KLM-Alitalia-alliantie was bij nader inzien nog maar een papieren principe-akkoord en dat nota bene op hoofdlijnen. Een niet goed functionerend Malpensa zou een bom zijn onder de alliantie. Daarmee zou Alitalia namelijk een veel minder interessante partner zijn voor de KLM. De hele affaire begon de KLM-leiding steeds meer zorgen te baren. De liefde moest niet door het geklungel van een van de schoonouders worden getorpedeerd. Daar begon het echter wel verdacht veel op te lijken.

Mooie woorden

Op 27 november 1998 was het zover. In navolging van het één jaar eerder vastgelegde 'Memorandum of Understanding' werd een 'Master Cooperation Agreement' gesloten. Het ging om een 50/50-alliantie. Beide luchtmaatschappijen zouden hun eigen identiteit behouden. Naast de twee huidige maatschappijen zou een joint venture-organisatie met een eigen directie worden opgestart - een noviteit in de luchtvaartindustrie. De directie van de joint venture zou ressorteren onder de directie van respectievelijk de KLM en Alitalia. De nieuwe organisatie zou van de bestaande maatschappijen medewerkers, materieel en diensten inhuren. Er werd om die reden wel van een 'virtuele' alliantie gesproken. Beide maatschappijen gingen dus niet in elkaar op. Het was ook niet de bedoeling om financiële belangen in elkaar te nemen, hoewel beide partijen dit niet uitsloten.

KLM en Alitalia wilden de samenwerking in twee fasen tot stand brengen. In de eerste fase zouden de beide maatschappijen in specifieke marktsegmenten gaan samenwerken. In de tweede fase zou een omvangrijk deel van de passagiers- en vrachtoperaties op basis van joint venture contracten worden uitgevoerd. Voor zowel de passagiersvluchten als de vrachtvluchten zou een joint venture worden opgericht. De joint ventures zouden tegen marktprijzen vliegtuigen, diensten en bemanningen van de twee moedermaatschappijen huren. Men zou uiteindelijk het overgrote deel van de gezamenlijke commerciële activiteiten samenvoegen. Het investerings-, vloot- en partnerbeleid zou eveneens op elkaar worden afgestemd. De arbeidsvoorwaarden van beide maatschappijen zouden vooralsnog niet geharmoniseerd worden.

De Italiaanse staatsholding IRI was op het moment van ondertekening nog voor 51 procent eigenaar van Alitalia, terwijl de Nederlandse overheid voor 14 procent participeerde in de KLM. Een opmerkelijke en tegelijkertijd complicerende factor was het feit dat

Alitalia in de loop der tijd alsmaar sterker begon te worden. De problemen van weleer waren - zo leek het althans - verleden tijd. Men lag niet langer op de *intensive care*, waarvan men zo langzamerhand alle hoeken kende. Alitalia was in relatief korte tijd gemoderniseerd, de schulden waren gesaneerd, de privatisering was in gang gezet (IRI was voor 'nog maar' 51 procent aandeelhouder in Alitalia) en Malpensa was eindelijk gereed. De financiële resultaten waren significant verbeterd en er lag een *open skies*-overeenkomst met de Verenigde Staten in het verschiet. De feiten waren wat dat betreft moeilijk te weerleggen. *Every cloud has a silver lining* - daar leek het althans verdacht veel op. De onderhandelingspositie van Alitalia was met andere woorden in de loop der tijd aanmerkelijk verbeterd. Het onderhandelingsvoordeel van de KLM (vooral gebaseerd op de relatief solide financiële positie van de KLM) erodeerde langzaam maar zeker. 'Goed beraad' kon daardoor per definitie niet 'kort beraad' zijn. Als relatieve buitenstaander en analist zag je de bui al in de verte hangen.

De superlatieven vlogen echter tijdens de persconferentie naar aanleiding van de ondertekening van het 'Master Cooperation Agreement' over tafel. Van Wijk sprak over een 'huwelijk' en nog veel meer:

"De gedrevenheid, stijl en creativiteit van de Italianen gecombineerd met het pragmatisme, de zakelijke instelling en nuchterheid van de Nederlanders. Daar kan niet anders dan een succesvolle alliantie uit voortkomen."
Bron: Het Financieele Dagblad, "KLM zet met Alitalia-alliantie eerste stap in de richting van virtueel bestaan", 28 november 1998.

De meeropbrengsten van de alliantie zouden de eerste drie jaar per jaar in ieder geval $380 miljoen voor passagiersvervoer en $65 miljoen voor vrachtvervoer bedragen. Het realiseren van marktvergroting stond op de eerste plaats. Het tot stand brengen van omvangrijke kostenbesparingen fungeerde als belangrijk aanpalend doel. De meeropbrengsten waren het gevolg van een verruiming van het marktaandeel, het doorvoeren van rationalisatieoperaties, het aanbieden van nieuwe bestemmingen in het vluchtprogramma en het effectiever gebruiken van reeds bestaande vrachtvliegtuigen. De gevolgen voor de concurrentie waren ingrijpend. Air France, Swissair en Lufthansa raakten naar schatting vele honderden miljoenen guldens aan inkomsten kwijt, omdat passagiers vanuit Italië niet langer via hubs in Frankrijk, Zwitserland en Duitsland van en naar hun intercontinentale bestemmingen hoefden te reizen. De alliantie was in een 10-jarige overeenkomst ingebed. De opzegtermijn van de alliantie bedroeg drie jaar.

Van de Europese Commissie, die nog wel haar goedkeuring moest geven aan de plannen, werden geen bezwaren verwacht. De Europese Commissie zou de alliantie volgens de direct betrokkenen alleen in theorie kunnen dwarsbomen. Er waren overigens ook nog enkele andere randvoorwaarden waardoor de alliantie afgeblazen zou kunnen worden. De privatisering van de Italiaanse maatschappij zou verder moeten worden doorgezet en in het jaar 2000 worden afgerond. KLM mocht een streep zetten onder de alliantie als de privatisering niet voor 30 juni 2000 zou worden afgerond. Ook zou een concurrent geen groter belang dan 25 procent in een van beide alliantiepartners mogen krijgen. Ook in dat geval zou de alliantie worden ontbonden. Dan was er nog de verdeling van de meeropbrengsten van de alliantie: wie krijgt wat en welke verdeelsleutel zou daarbij gehanteerd moeten worden? Welke (objectieve) criteria zouden tot welke verdeelsleutel leiden? Een 'uitdaging' van een geheel andere orde: zou Alitalia de transformatie van log staatsbedrijf naar marktgerichte organisatie wel aankunnen? Ging het allemaal niet veel te snel? Waren de mensen er wel klaar voor? Hoe zat het met de stabiliteit van het politieke fundament? Kortom, er waren nog wel wat beren op de weg te verwachten. De stemming zat er niettemin goed in: KLM was er andermaal in geslaagd de toon te zetten in de mondiale luchtvaartindustrie. De alliantie was in vele opzichten uniek. Het 'multi-hub' systeem was innovatief, de alliantie vergaand.

Op papier was de alliantie een prachtig huwelijk, maar in de praktijk ging het al snel mis. De welbekende slogan 'practice what you preach' werd niet bewaarheid. Het opstarten van de nieuwe vennootschap werd bijvoorbeeld alsmaar uitgesteld. Aanvankelijk hoopten de beide maatschappijen dat de nieuwe gezamenlijke vennootschap in het voorjaar van 1999 van start zou kunnen gaan. Dat bleek bij lange na niet haalbaar. Zo was het bijvoorbeeld opvallend moeilijk de bestuursfuncties in te vullen van de gezamenlijke joint venture. Egon Zehnder, een internationaal actief headhuntersbureau, moest uitkomst bieden - een teken aan de wand, want klaarblijkelijk waren er vanuit de KLM en Alitalia in kwantitatief en kwalitatief opzicht onvoldoende interne gegadigden voor de te vergeven topfuncties. Dergelijke signalen waren overduidelijk een teken aan de wand en beloofden dan ook weinig goeds.

Het imposante kaartenhuis begon langzaam maar zeker in elkaar te schuiven, want ook de winstontwikkeling van de KLM begon te haperen. Kostenbesparende maatregelen waren met andere woorden noodzakelijk, met alle gevolgen van dien voor de onderhandelingspositie en de tijd en speelruimte om met de verdere invulling van de alliantie bezig te zijn. Verder blokkeerde de Europese Commissie de feitelijke acquisitie van Martinair. KLM had al een belang van 50 procent in de maatschappij van oprichter Martin Schröder, maar wilde het resterende belang van 50 procent van Nedlloyd overnemen. De Europese Commissie ging niet akkoord met deze transactie, hetgeen de KLM-leiding niet tot vrolijkheid stemde. Op de Noord-Atlantische route, het financiële fundament van de KLM, werd weer als vanouds fel op de factor prijs geconcurreerd. Er was sprake van een forse overcapaciteit op zowel de passagiers- als de vrachtmarkt. Ergo: een verlaging van de tarieven en daarmee inkomsten. Ook de Aziatische economie had het bepaald niet gemakkelijk. Deze regio werd echter steeds belangrijker voor de KLM (en haar partners). De inkomsten bleven achter bij de begroting. Verder stond de kwaliteit van de dienstverlening onder druk. Daarover verschenen in uiteenlopende media nogal negatieve berichten. De kwaliteit van de dienstverlening bleef achter bij die van de concurrenten maar ook bij die van de alliantiepartners. De kwaliteitsmaatschappij van weleer leek 'niet meer te zijn'.

In de loop van 1999 werd duidelijk, dat Alitalia 93 procent van haar geconsolideerde inkomsten in de alliantie in zou brengen, tegen 85 procent van de KLM. De winsten en opbrengsten zouden op de ingebrachte delen volledig worden gedeeld. KLM zou verder 100 miljoen euro (NLG 220 miljoen) bijdragen aan de investeringen van Alitalia in de nieuwe luchthaven Malpensa. Malpensa was gezien de ontwikkelingen rondom Schiphol van groot belang voor de KLM, dus de investering viel goed te beargumenteren. Op 7 augustus 1999 werd Van Wijk in een paginagroot interview in *De Telegraaf* over van alles en nog wat aan de tand gevoeld. Van Wijk zei onder meer het volgende:

"De samenwerking met Alitalia gaat heel ver. Een keiharde noodzaak. Om de toekomst van de KLM en ook van Alitalia veilig te stellen. Het gaat om overleven, dat is het werkelijke belang. Ook voor onze toekomstige passagiers. Als we slag willen blijven leveren met onze ook steeds machtiger concurrenten, dan moeten we onszelf ook sterk maken, bijvoorbeeld met allianties. En die werken alleen als ze ver gaan, duidelijk zijn en één koers varen. Dus geen

meerdere kapiteins op het schip, dat werkt niet. En dan praat je al gauw over zoiets als wat voor velen lijkt op een fusie.

Fusie wil wat mij betreft zeggen: opereren als eenheid, onder één paraplu. Kijk bijvoorbeeld naar een multinational als General Motors. Uit dat huis komen stuk voor stuk auto's met wereldmerken, elk met behoud van de eigen merknaam, waarin voor de toekomst is geïnvesteerd. Wij denken aan een dergelijke constructie. De naam KLM, ons blauw en de kroon op de staart, zullen daarin worden behouden. Onze merknamen staan niet op de balans maar hebben voor de passagier misschien wel de meeste waarde."
Bron: De Telegraaf, "KLM blijft KLM", 7 augustus 1999.

Op 11 augustus 1999 gaf de Europese Commissie het groene licht voor de vergaande alliantie. De alliantie werd onder expliciete voorwaarden goedgekeurd. De maatschappijen moesten hun monopoliepositie op de routes tussen Amsterdam, Rome en Milaan opgeven. Op de routes tussen Amsterdam, Rome en Milaan zouden concurrenten actief moeten kunnen worden. Maximaal veertig procent van de eigen vluchten zou moeten komen te vervallen. Het was de eerste maal dat de Europese Commissie een dergelijke vergaande Europese alliantie goedkeurde.

Weinig daden

Vanaf januari 2000 beginnen beide maatschappijen last van de nodige turbulentie te krijgen. Alitalia moest per direct haar bedrijfsstrategie bijstellen, omdat de resultaten sterk waren teruggevallen. Werd in 1998 voor het eerst in vele jaren nog winst geboekt, NLG 464 miljoen om precies te zijn, in 1999 zou net quitte worden gespeeld, terwijl men eigenlijk een winst van ongeveer NLG 225 miljoen had verwacht (conform het budget). Alitalia's aandeelhouders waren *not amused*. Hierdoor zou de op handen zijnde alliantiedeal weleens afgeblazen kunnen worden en daar waren de aandeelhouders in het algemeen en de Italiaanse politiek in het bijzonder in het geheel niet van gediend. De moeilijkheden rondom Malpensa begonnen niet alleen de alliantie maar ook Alitalia de das om te doen. Het klimaat verslechterde in rap tempo. De raad van bestuur van Alitalia gaf via interviews aan, dat de situatie in het jaar 2000 niet zou verbeteren. Men sprak in dit verband over 'de onvermijdelijk geworden effecten van een instabiel scenario' (daarmee refererend naar de situatie rondom Malpensa en de gevolgen daarvan voor de alliantie met de KLM). De financiële problematiek van Alitalia had tot gevolg dat de voortgaande privatisering van Alitalia tot nader orde werd opgeschort - een belangrijke ontbindende factor in het alliantieverdrag met de KLM. De koers van het Alitalia-aandeel was in 1999 met maar liefst 40 procent gedaald. De alsmaar voortdurende vertragingen in de onderhandelingen hadden de relatie met de KLM onder zware druk gezet. Het was voor zowel Alitalia als de KLM alle hens aan dek, het *point of no return* leek men immers op het eerste gezicht gepasseerd te hebben. Met een laatste krachtsinspanning zou men met andere woorden de alliantie uit de *danger zone* kunnen manoeuvreren. Noblesse oblige.

Het nieuwe Milanese vliegveld Malpensa was en bleef echter de achilleshiel van de alliantie. De verplaatsing van de vluchten van Linate naar Malpensa liep vertraging op door het ontbreken van een adequate infrastructuur tussen Malpensa en Milaan. De Europese Commissie werkte eveneens bepaald niet mee. Er zou op en rondom Malpensa sprake zijn van milieuproblemen en ontoelaatbare geluidsoverlast. De Europese Commissie had haar tanden stevig in het dossier 'Malpensa' gezet en was vooralsnog niet van plan de Italianen gemakkelijk te laten ontsnappen. Ook Zuid-Italië (Rome) roerde zich keer op keer op de achtergrond - klassieke vetes tussen Noord- en Zuid-Italië werden 'dankzij' de KLM-Alitalia-case nieuw leven ingeblazen. De veelbesproken alliantie begon voor buitenstaanders verrassend veel op een *soap opera* te lijken: er leek maar geen einde aan te komen.

In een gesprek met *De Telegraaf* op 3 februari 2000 stelde bestuursvoorzitter Van Wijk nadrukkelijk dat beide partijen hun alliantie zouden ontbinden, als de politieke problemen rondom de ontwikkeling van de Milanese luchthaven voort zouden blijven duren:

"Malpensa is als hub een cruciaal knooppunt voor onze alliantie. Als die ontwikkeling wordt vertraagd, bijvoorbeeld omdat er nog milieuonderzoeken moeten worden gedaan of door andere oorzaken, dan is het voor de alliantie met Alitalia absoluut einde verhaal."
Bron: De Telegraaf, "KLM en Alitalia uit elkaar als problemen voortduren", 3 februari 2000.

Klare taal van een inmiddels getergd bestuurder. Van Wijk zat dan ook in een lastig parket, want ook de *performance* van de KLM liet te wensen over en vergde dus veel tijd en aandacht van het management. Een niet-lopende alliantie met Alitalia kon de KLM er met andere woorden eigenlijk niet bij hebben. De marges stonden onder forse druk. De eigen organisatie had veel aandacht nodig, want er zou het nodige in gang gezet moeten worden, om het tij te keren. Het ging daarbij om gevoelige onderwerpen. Zo zou fors in het personeelsbestand geschrapt moeten worden (van de 28.000 medewerkers zouden 1.500 tot 3.000 flexwerkers iets anders moeten gaan doen). Onrendabele lijnen zouden geëlimineerd worden, automatiseringsprogramma's zouden worden uitgesteld, en het aantal vliegtuigen zou gerationaliseerd worden. KLM stond hierin overigens niet alleen. Ook andere luchtvaartmaatschappijen werden door tegenvallende marktontwikkelingen getroffen.

Tot overmaat van ramp waren op Linate vliegende maatschappijen als Lufthansa, Air France, SAS en British Airways, niet van plan hun vluchten te verplaatsen naar Malpensa. Deze maatschappijen staken collectief een stokje voor het 'eenzijdige' initiatief van de Italiaanse regering. Zij mobiliseerden de Europese Commissie en dienden een klacht in wegens 'concurrentievervalsing'. Lufthansa, SAS, Air France en British Airways voedden via Linate hun eigen hubs op een winstgevende manier en hadden geen enkele behoefte om de operaties naar het veel verderaf gelegen Malpensa te verplaatsen. De tijd(bom) tikte ondertussen rustig door en het eindscenario werd hoe langer hoe transparanter.

Nederlands water bij de Italiaanse wijn?

Uiteindelijk werd wat betreft Malpensa voor de gulden middenweg gekozen - een middenweg waar de KLM maar moeilijk mee kon leven. Linate zou blijven bestaan en zou zes tot zeven miljoen passagiers per jaar blijven houden, meer dan driemaal zoveel als aanvankelijk de bedoeling was. Daardoor zouden de intercontinentale vluchten minder goed vanaf Malpensa gevoed kunnen worden. De KLM moest dansen in het ritme van de Brusselse/Europese politiek.

De *deadline* van de alliantie kwam ondertussen razendsnel dichterbij. Tot 20 april 2000 zou de 'bijna-fusie' nog ontbonden kunnen worden. Het afblazen van de alliantie was echter een kwestie van tijd, want de eerdergenoemde luchtvaartmaatschappijen bleven zich verzetten tegen het gedwongen karakter van de verhuizing naar Malpensa. De KLM wilde ondertussen maar één ding: de (politieke) kogel moest door de kerk. Men snakte naar 'witte rook'. De Malpensa-problematiek lag zwaar op de maag van de KLM, omdat het verder uitbouwen van het internationale netwerk, met onder meer een partner in Azië, daardoor op zich liet wachten.

De Italiaanse regering had zo haar eigen onvoorspelbare agenda. Men trad op 19 april af en maakte op het allerlaatste moment een belangrijke beslissing wereldkundig: de vluchten van Linate moesten gedwongen worden verplaatst naar Malpensa - goedschiks dan wel kwaadschiks. De zeer discutabele beslissing moest door een demissionair kabinet worden gesteund. Dat maakte de al ingewikkelde case alleen maar complexer. De Italiaanse politiek, welke toch al niet uitblonk in slagkracht, was immers geheel vleugellam geworden. De beslissing van de Italiaanse regering stond verder haaks op de opvatting van de Europese Commissie. De Europese Commissie waarschuwde de Italiaanse regering dan ook dat de gedwongen verhuizing te zijner tijd weleens teruggedraaid zou kunnen worden en dat schadeclaims in het verschiet lagen. De stem van Brussel kende weinig nuance. Malpensa was een van de door de Europese Commissie (zwaar) gesubsidieerde infrastructurele werken binnen de Europese Unie. Het was onduidelijk wat de Europese Commissie allemaal op middellange termijn zou kunnen ondernemen. De KLM-leiding moet tegen die tijd 'op de kast hebben gezeten'. Wat in eerste aanleg zo mooi was begonnen was volledig uit de hand gelopen.

Op 29 april ging de stekker uit het stopcontact. De KLM-leiding hakte de knoop definitief door: stopzetting van de alliantie met Alitalia. De handdoek werd na drie jaar vruchteloos onderhandelen in de ring geworpen. Men was terug bij af en had daarbij veel kostbare tijd verloren. De concurrentie haalde de KLM ondertussen links en rechts in. Er moest snel tot de orde van de dag worden overgegaan. Dat betekende in de praktijk eerst en vooral het ontmantelen van het samenwerkingsverband. De joint ventures in passagiers- en vrachtvervoer moesten uit elkaar worden gehaald; commerciële dwarsverbanden moesten ontmanteld worden.

Het betekende ook - in tweede instantie - op zoek gaan naar een partner die wel met de KLM in zee wilde. Die partner zou volgens de KLM-leiding nog voor het einde van 2000 gevonden moeten zijn. Dat zou moeilijk worden, want de meeste potentiële partners waren al verliefd dan wel verloofd. Er waren in de tussentijd diverse - hoewel overwegend losse - allianties opgestart. De uitgangspositie van de KLM was bovendien slecht. Een greep uit de - vaak in elkaars verlengde liggende - 'uitdagingen':
- een slechte financiële *performance* (rode cijfers)
- een lage beurskoers (het bedrijf was relatief weinig waard)
- externe imagoschade ('wat is dat toch met die Nederlanders?')

- structurele overcapaciteit op de routes naar Noord-Amerika mede door het inzetten van extra vliegtuigen die vrij waren gekomen vanwege de Azië-crisis
- een relatie met Northwest Airlines die vrijwel zeker onder druk zou komen te staan (een extra (Zuid-)Europese partner was aantrekkelijk voor Northwest Airlines)
- een slecht functionerende internetstrategie (waar veel concurrenten ondertussen wel goed op in hadden gespeeld)
- de noodzaak tijd en energie in de ontrafeling van de alliantie met Alitalia te steken
- een niet optimaal gemotiveerde (want teleurgestelde) interne organisatie die het ook even niet meer wist.

Deze (en andere) 'uitdagingen' culmineerden in de volgende hamvraag: 'KLM Quo Vadis?' Op het moment van schrijven van deze case (voorjaar 2001) heeft de KLM-leiding nog steeds geen oplossing voor haar 'Europa-strategie' gevonden. De Alitalia/KLM-case lijkt daarmee achteraf een lange schaduw te hebben.

Noten

[1] Zie P.K. Jagersma, "De Fokker-Dasa-deal. De verkwanseling van de nationale vliegtuigindustrie", Veen, Amsterdam, 1994. Zie ook: P.K. Jagersma, "Samen werken, samen lijden", F&O Tijdschrift voor fusie, overname, participatie en bedrijfsexpansie, april 1995; P.K. Jagersma, "Fusie en ruzie", F&O Tijdschrift voor fusie, overname, participatie en bedrijfsexpansie, juni 1996; P.K. Jagersma, "Boeing: de beer uit Seattle", F&O Tijdschrift voor fusie, overname, participatie en bedrijfsexpansie, maart 1996.

5. NAWOORD

Alliantiemanagement is bepaald niet gemakkelijk. Het leiden van een luchtvaartmaatschappij is ook geen sinecure. Een luchtvaartmaatschappij door het mijnenveld der allianties loodsen is vrijwel onbegonnen werk. Toch is de leiding van de KLM continu in de weer geweest om een vergaande strategische alliantie handen en voeten te geven. De KLM-leiding is overigens de afgelopen decennia ook op het operationele samenwerkingsfront actief geweest. Operationele samenwerkingsverbanden hebben betrekking op een deel van de bedrijfsvoering en zijn daarmee partieel van aard. Strategische samenwerkingsverbanden zijn vergaand van aard en hebben direct invloed op de toekomstige concurrentiepositie van de gehele onderneming - hier een luchtvaartmaatschappij. Strategische samenwerkingsverbanden hebben een veel integraler karakter.

De KLM-leiding heeft de afgelopen jaren niet de gemakkelijkste weg bewandeld. Het landschap dat getrotseerd moest worden was bepaald niet vlak. Strategische alliantie-besprekingen vergen erg veel tijd en energie van bestuurders (en adviseurs). Tijd en energie die bestuurders niet aan hun eigen interne bedrijfsvoering kunnen besteden. De *opportunity costs* van de niet-gerealiseerde respectievelijk afgebroken strategische allianties zijn nooit berekend, maar die moeten bij de KLM in de tientallen miljoenen guldens hebben gelopen. Scheiden doet lijden - ook tijdens de 'inleidende schermutselingen' van een intieme relatie.

Geleerde lessen

Hoewel tijdens de verschillende beschreven alliantie-onderhandelingen doorgaans (erg) specifieke vraagstukken de inhoudelijke alliantiediscussie (met name voor de buitenwereld) hebben gedomineerd, zijn ook andere - meer generieke ('overkoepelende') - factoren verantwoordelijk geweest voor de uiteindelijke problemen. Zoals zo vaak gaat het om een optelsom van kleine en grote 'druppels' die de emmer doen overlopen.

Op deze plaats beperk ik me tot enkele factoren die naar mijn mening hebben bijgedragen aan het veelal alsmaar verslechterende onderhandelingsklimaat, waardoor de echte *deals* nooit (British Airways, Alcazar en Alitalia) dan wel niet naar tevredenheid

(Northwest Airlines) gefinaliseerd konden worden. Ik presenteer de factoren op een relatief hoog abstractieniveau, want daardoor worden het 'generieke' *lessons learned* die richtinggevend kunnen zijn voor andere alliantiebesprekingen.

Het gaat derhalve om de normatieve dimensie van de *lessons learned*. De nadruk ligt op deze plaats op de 'pré-alliantiefase' (fase één), dus de fase voorafgaand aan de 'alliantiedeal' (fase twee) en de daarna plaats te hebben 'post-alliantiefase' (fase drie). De *lessons learned* worden in willekeurige volgorde gepresenteerd. Ik beperk me daarbij bewust tot een persoonlijke 'top-5'.

Les 1: Cultuur*niveau* verschillen zullen weloverwogen aangevat moeten worden

Cultuurverschillen hebben een belangrijke rol gespeeld bij het mislukken van de alliantie-onderhandelingen. In dit verband is het belangrijk een onderscheid te maken tussen drie niveaus van cultuur: de 'nationale cultuur', de 'bedrijfscultuur' en de 'persoonlijke cultuur' (van een medewerker c.q. manager).

Onderzoek van Hofstede heeft geleerd, dat vooral Scandinaviërs en Nederlanders op het eerste niveau ('nationale cultuur') veel met elkaar gemeen hebben [1]. Overeenkomsten op dit belangrijke eerste cultuurniveau 'sijpelen' door naar het tweede cultuurniveau (de 'bedrijfscultuur'). Het derde cultuurniveau is zeer specifiek, want overwegend persoonsgebonden en op dit cultuurniveau is generalisatie derhalve uit den boze. Kortheidshalve: het klikt tussen mensen of niet. De verschillende (potentiële) allianties kenden de nodige fricties op alledrie de cultuurniveaus. Op zich niet verrassend: Hofstede heeft overduidelijk aangetoond dat de verschillen tussen Nederlanders en Amerikanen, Zwitsers, Oostenrijkers, Britten en Italianen bepaald niet gering zijn. De onderlinge cultuurfricties hadden een disfunctioneel effect op de voortgang van de onderhandelingen. Die disfunctionele culturele fricties manifesteerden zich op verschillende manieren.

Zo speelden de cultuurverschillen vooral op lagere hiërarchische niveaus een doorslaggevende rol. De overlegstructuren van KLM en haar potentiële partners verschilden nogal van elkaar. Op het niveau van het overleg tussen (relatief kleine groepen van) werknemers (lager in de hiërarchie) van luchtvaartmaatschappijen leiden verschillen in overlegstructuren ontegenzeggelijk tot majeure problemen. De Italianen hadden ten tijde van de KLM/Alitalia-case bijvoorbeeld weinig kaas gegeten van onderwerpen als *empowerment* en 'decentrale besluitvorming' en moesten dan ook voor het minste of geringste 'de hiërarchie in'. Ergo: stroperige besluitvormingstrajecten waardoor zelfs triviale beslissingen niet dan wel veel te laat werden genomen - dit tot grote ergernis van Nederlandse collegae die wel de handen vrij hadden om beslissingen (met een gegeven reikwijdte) te nemen. Dat kun je onder het motto *we're all in this together* één- dan wel tweemaal uitleggen, maar na verloop van tijd begint dit op de zenuwen te werken van één van de (beoogde) partners.

Het is overigens opmerkelijk hoe gemakkelijk ook het topmanagement van luchtvaartmaatschappijen over de factor 'cultuurhobbels' heenstapt. Neem bijvoorbeeld een internationaal door de wol geverfde topman als Van Wijk (we beperken ons bij deze tot de feiten). Tijdens een persconferentie, opgetekend door *NRC Handelsblad*, bagatelliseerde Van Wijk de cultuurverschillen tussen Alitalia en KLM als volgt: 'Ik ken de kritische noten die bij onze samenwerking met Alitalia worden geplaatst. Het gaat dan vaak om de culturele verschillen die er tussen Noord- en Zuid-Europa zouden bestaan. Maar als ik een ding in mijn lange loopbaan bij KLM heb geleerd is het wel dat als je de *business language* maar met elkaar spreekt je elkaar altijd vindt.' [2]

Wat tegen de achtergrond van (dergelijke interpretaties van) cultuur(niveau)verschillen te doen? Laat ik me op deze plaats beperken tot twee belangrijke adviezen. Gebruikmaken van buitenlandse/lokale adviseurs is een 'open deur', maar desalniettemin van groot belang. Dit is een belangrijk strategisch vertrekpunt. Lang niet alle internationaal actieve ondernemingen geven handen en voeten aan deze *corporate law*. Sterker nog, de bekendste en grootste multinationale ondernemingen worden niet zelden alleen maar begeleid door 'huisadviseurs' uit het moederland. Dit is een *blooper* van heb ik jou daar met een *bleeder* als ultiem gevolg. Dat is natuurlijk niet de bedoeling. Leidinggevenden moeten dan ook altijd (ook) begeleid worden door lokale adviseurs - lokale strategy consultants, lokale juristen, lokale accountants, et cetera et cetera. Neem bij alliantiemanagement (een optelsom van de eerdergenoemde fasen één, twee en drie) vooral niet te weinig lokale specialisten in de arm.

Ten tweede: zorg altijd voor de juiste mensen in de 'frontlinie' van de onderhandelingen. Het is opmerkelijk dat niet zelden de empathisch zwakkeren onder ons de meest elementaire fasen van de onderhandelingen begeleiden c.q. aanvoeren. Het is dan ook belangrijk de juiste mensen achter de onderhandelingstafel plaats te laten nemen en niet tezeer uit te gaan van de hiërarchische positie van de betrokkenen. Juist dit laatste is dikwijls het geval. De 'hoogste baas' is eerder wel dan niet aanvoerder van het onderhandelingsteam. Zijn ('competitieve') vaardigheden (die het resultaat zijn van de op *survival of the fittest* gebaseerde *ratrace* naar de hoogste regionen) staan vaak haaks op de benodigde ('coöperatieve') vaardigheden, te weten diplomatieke vaardigheden en teamvaardigheden om van de vaak lastige en complexe onderhandelingen een succes te maken. De gemiddelde topmanager blinkt hier doorgaans niet in uit en juist laatstgenoemde vaardigheden zijn benodigd.

Tot slot: tot de cultuurverschillen behoren niet alleen enigszins voor de hand liggende eet- en andere gewoonten, maar bijvoorbeeld ook de ontvankelijkheid voor een vreemde taal. Ook in dat opzicht waren de verschillen dikwijls groot. De KLM/Alitalia-case vormt in dit opzicht een mooi voorbeeld. De Nederlanders waren vaak goed in staat en bereid om Engels dan wel Italiaans te spreken, terwijl de Italianen al grote moeite hadden met het Engels en het opgeven van hun eigen taal. De taalbarriere was daardoor een hobbel van jewelste. Ook tijdens de onderhandelingen bleken de Italianen hun buitenlandse talen niet te spreken. Taalvaardigheid en de bereidheid een andere taal te spreken zijn twee belangrijke randvoorwaarden voor succesvolle alliantie-onderhandelingen. Uiteindelijk draait alles om communicatie en vooral alliantiebesprekingen tussen ondernemingen afkomstig uit verschillende landen zijn eerst en vooral afhankelijk van de kwantiteit en kwaliteit van de onderlinge communicatie.

Les 2: *Strategische* allianties zijn dikwijls een brug te ver

Veel ondernemingen laten zich meevoeren op de golven van uiteenlopende trends. Consultants genereren om die reden de ene na de andere 'managementtrend'. Ongeveer vijftien jaar geleden werd het woordenpaar 'strategische alliantie' geïntroduceerd. Strategische allianties zijn echter pas sinds een jaar of vijf razend populair. Veel 'strategische allianties' ontberen om diezelfde reden een 'strategie'. Het gaat per slot van rekening om een aantrekkelijk 'etiket'. Leidinggevenden hebben echter de 'natuurlijke' neiging elkaar als lemmingen achterna te hollen - ook in de luchtvaartindustrie. Sterker nog, als er een bedrijfstak is waar de strategische alliantie *hot* is geworden dan is het wel de luchtvaartindustrie. Op hetzelfde moment zijn er vandaag de dag geen strategische allianties aan te wijzen die een concrete, structurele en meetbare bijdrage leveren aan de strategie van een luchtvaartmaatschappij. En daar zit 'm nu net het probleem, want de verschillende, hier behandelde cases werden alle als 'strategische allianties' gekwalificeerd.

Het is tegen deze achtergrond opvallend dat de partijen weinig gevoelig waren voor deze realiteit van alledag. Het maken van een goede diagnose van een vergaande vorm van samenwerking - want: *strategische* samenwerking - vergt bijvoorbeeld erg veel tijd en energie, tijd en energie die niet voor andere zaken kunnen worden aangewend. De meeste ondernemingen onderschatten dit ten zeerste - ook de KLM, getuige het na het uiteenvallen van de allianties keer op keer weg te werken achterstallige onderhoud.

Strategische allianties vergen veel 'strategische focus'. Andere strategische aangelegenheden (i.e. activiteiten waarmee significante investeringen zijn gemoeid) moeten vaak noodgedwongen op een zacht pitje worden gezet. De *external diseconomies* worden vaak schromelijk onderschat, met alle teleurstellende gevolgen van dien. Veel ondernemingen worden meegezogen in de complexiteit van een strategische alliantie - een alliantie die de *corporate strategy* van de onderneming raakt en daardoor in beginsel de continuïteit van de onderneming op het spel kan zetten. KLM & Partners zakten voortdurend alsmaar dieper weg in het verraderlijke moeras genaamd 'strategische' alliantie.

De KLM-leiding liep te vaak ver voor de muziek uit. Er waren geen precedenten van succesvolle strategische allianties voorhanden. Dit maakte de hele onderhandelingssituatie alleen maar lastiger en vrijwel onmogelijk tot een voor de partijen (inclusief de respectievelijke 'achterbannen') goed einde te brengen. Waarom altijd een *first mover* strategie? Wat is er tegen een *follower* danwel *fast follower* strategie? Een dergelijk tactisch scenario had de KLM-leiding in ieder geval veel tijd en energie bespaard en tegelijkertijd had men veel meer aandacht voor de eigen 'interne' KLM-problematiek kunnen reserveren en het moederbedrijf kwalitatief hoogwaardig uit kunnen bouwen. Op die wijze had men in ieder geval op een autonome manier de 'Europa-strategie' (gericht op het verruimen van het Europese marktaandeel) handen en voeten kunnen geven.

Volledigheidshalve: het is opvallend dat de KLM-leiding niets van de aanvangsproblemen met de Amerikaanse partner Northwest Airlines had geleerd. Ook in dat geval wilde de KLM-leiding, toen nog met president-directeur Pieter Bouw achter het stuur, aanvankelijk alleen maar een vergaande 'strategische' alliantie optuigen met (eventueel wederwijdse) aandelenparticipaties. Ook bij Northwest Airlines liep dat op niets uit. Bij British Airways, Alcazar en Alitalia ging het eveneens om een vergaande vorm van samenwerking - wederom *te* vergaand.

Les 3: Indrukwekkende papieren voordelen worden zelden gerealiseerd

Opvallend is de hang naar ronkende verhalen in de luchtvaartindustrie: 'vorm' in plaats van 'inhoud'. De ene mooie volzin steekt de andere nog mooiere volzin naar de kroon. Het ene plan is nog positiever en optimistischer dan het andere. Ook de jaarverslagen van de nationale *carriers* staan vol met bloemrijke, veelbelovende volzinnen. Het jaarverslag van de KLM over bijvoorbeeld het boekjaar 1998/1999 is hierop geen uitzondering: 'In de alliantievorming met Alitalia slaan we de fase van geleidelijke uitbouw van commerciële samenwerking over. We streven er naar zo snel mogelijk tot een geïntegreerde commerciële bedrijfsvoering te komen. ..... We zijn er ons van bewust dat we voortrekkers zijn en als zodanig ook nauwlettend gevolgd en nagevolgd worden door onze concurrenten. In alliantievorming ligt immers onze toekomst.'

Luchtvaartmaatschappijen (niet alleen de KLM) preken wat betreft strategische allianties graag hoog van de kansel, maar blijken in het 'echte' (zaken)leven bitter weinig van hun plannen waar te maken. De praktische uitvoering en invulling van veel 'strategische' initiatieven valt daardoor enorm tegen. Een weloverwogen oordeel moet altijd op haar praktische uitwerking zijn gebaseerd en niet op mooie papieren verhandelingen en subjectieve suggesties. Ook tijdens de respectieve alliantie-onderhandelingen met de KLM was het voortdurend Hosanna. Teveel mooie woorden leiden na verloop van tijd tot de nodige scepsis.

Ondernemingen hebben er - gezien de eerdergenoemde complexiteit en de in dit boek uitgebreid behandelde cases - alle belang bij een en ander voortdurend te relativeren. Een *low profile approach* strekt dan ook tot aanbeveling. De Chinezen hebben daarvoor een prachtig spreekwoord: 'Wie zacht stapt komt ver'. Veel leidinggevenden houden echter van 'zichtbaarheid' en gaan om diezelfde reden als olifanten in een porseleinkast tekeer. Het resultaat: veel herrie (lees: publiciteit), maar vooral veel scherven (lees: stukgelopen alliantie-onderhandelingen).

Les 4: De factor 'politiek' moet nimmer worden onderschat, vooral niet in 'politieke' bedrijfstakken

Alitalia was bijvoorbeeld in tegenstelling tot de KLM een echte staatsmaatschappij met alle gevolgen van dien voor de snelheid van de strategische besluitvorming. Politieke argumenten speelden vooral bij Alitalia een belangrijke rol in het proces van zakelijke besluitvorming. Zo was Alitalia op het moment van het ondertekenen van de intentieverklaring nog grotendeels in handen van de Italiaanse staatsholding IRI.

In de luchtvaartindustrie winnen politieke beweegredenen het altijd van economische en bedrijfskundige overwegingen. Tussen deze stelling is geen speld te krijgen - lees hiervoor mijn boek *De Fokker-Dasa-deal. De verkwanseling van de nationale vliegtuigindustrie* [3]. De politiek heeft altijd het laatste woord. Dat heeft niet alleen te maken met de vaak omvangrijke overheidsbelangen in de luchtvaartmaatschappij, maar ook met de nauwe relatie tussen een luchthaven en een luchtvaartmaatschappij. Zo is bijvoorbeeld ook het functioneren van de 'particuliere' KLM in sterke mate afhankelijk van de groeiplannen en milieunormen rondom Schiphol. Indirect, namelijk via Schiphol, beïnvloedt de Nederlandse overheid dus of de KLM wel dan niet versneld kan groeien. De banden tussen de niet-Nederlandse (lees: Italiaanse, Scandinavische, Zwitserse, Amerikaanse en Oostenrijkse) luchthavens, de nationale/regionale politiek en de respectieve luchtvaartmaatschappijen waren niet zelden nog hechter. De mogelijkheid om op basis van zakelijke argumenten beslissingen te nemen, verdwijnt dan al snel als sneeuw voor de zon. Luchtvaartmaatschappijen zijn vaak een pion op het schaakbord van de nationale dan wel regionale politiek. De KLM had mede om die reden op belangrijke momenten niets in de melk te brokkelen.

De politieke infrastructuur is overigens niet alleen vanwege 'nationalistische' belangen buitengewoon fragiel. Het Italiaanse politieke decor is andermaal een treffend voorbeeld. Beslissingen werden op cruciale (maar ook minder belangrijke) momenten niet dan wel te laat genomen. De binnenlandse beruchte 'Noord-Zuid'-discussie laaide al in een vroeg stadium op en werd veel te laat door de direct betrokkenen de kop ingedrukt. De Romeinse lobby kon daardoor veel schade aanrichten. De Italiaanse regering accelereerde verder veel te laat toen het er werkelijk op aan kwam. De gedwongen verhuizing naar Malpensa werd op het allerlaatste moment geforceerd doorgevoerd, met als gevolg: valide protesten van zowel luchtvaartmaatschappijen - concurrenten van Alitalia en de KLM - als de Europese Commissie. Kortom: de (economische) gevolgen van bepaalde (niet/te laat genomen) politieke beslissingen worden dikwijls niet goed doordacht dan wel overzien. Luchtvaartmaatschappijen als de KLM zijn hiervan herhaaldelijk het slachtoffer.

De factor politiek wordt overigens door veel ondernemingen die actief met allianties in de weer zijn van meet af aan onderschat. De 'politieke factor' is vooral van belang in zogenaamde 'politieke' bedrijfstakken. Bestuurders van ondernemingen actief in bijvoorbeeld het bankwezen, het verzekeringswezen, uiteenlopende (zeer kennisintensieve) *high-tech* bedrijfstakken (als halfgeleiders en dergelijke) en bedrijfstakken gerelateerd aan defensie-onderzoek moeten in het bijzonder op hun hoede zijn. Oprechte, transparante economische overwegingen mogen tijdens alliantie-onderhandelingen nooit en te nimmer als vertrekpunt voor het gezamenlijke alliantiebeleid worden gehanteerd. Politieke opvattingen zijn altijd leidend. Een gewaarschuwd bestuurder telt vooral in de voornoemde bedrijfstakken voor twee.

Les 5: De alliantie-onderhandelingsperiode moet nooit te lang duren

De onderhandelingen rondom een strategische alliantie in met name een politieke bedrijfstak duren altijd lang - vaak langer dan strikt noodzakelijk is. Er speelden in de behandelde cases vaak meer dan twee *stakeholders* een (eigen zo men wil 'hoofd') rol die dikwijls nogal uiteenliep. Bijgevolg: veel praten, weinig zeggen en dat keer op keer.

Alle betrokken partijen moeten na verloop van (vaak lange) tijd over de streep worden getrokken. In de luchtvaartindustrie gaat het om vele *decision makers* die in uiteenlopende fasen van de onderhandelingen de nodige invloed hebben. Transnationale overheden spelen in dit verband in toenemende mate een belangrijk rol. De Europese Commissie zou in het kader van de Alitalia/KLM-case de gedwongen verhuizing van vluchten van Linate naar Malpensa aan de hand van allerlei procedurele regels hebben kunnen verbieden - ex ante dan wel (het schrikbeeld voor vooral de

KLM) ex post. Ook andere bedrijfstakken moeten in toenemende mate rekening houden met institutionele factoren als transnationale overheden. Het is zaak hier voldoende tijd en aandacht aan te spenderen.

Meer in het algemeen is van toepassing de gouden regel: goed beraad is kort en weloverwogen beraad. Ingeval de meest recente case, de KLM/Alitalia-case, werd de intentieverklaring midden-december 1997 ondertekend. De 'echte' strategische alliantie zou vanaf 1 november 1998 operationeel worden. De vraag die dan direct opdoemt is natuurlijk: waarom zo'n lange periode? Een jaar uittrekken om een en ander nader te concretiseren? Zijn tegen de achtergrond van zo'n mededeling de voorbereidingen wel adequaat geweest? Een te lange duur voor de uiteindelijke operationalisering van een alliantiemanifest creëert ruimte voor misperen en (onnodige) onderlinge spanningen. De in dit boek behandelde cases vormen hierop geen uitzondering.

Bananenschil

Er kunnen nog vele andere lessen uit de verschillende cases gedestilleerd worden. Hier is er echter voor gekozen om enkele *lessons learned* in meer algemene thema's onder te brengen.

Dat neemt niet weg dat ik tot slot nog even bij een uiterst belangrijk, want persoonlijk thema stil wil blijven staan: de individuele financiële honorering van managers en medewerkers. Als een (grensoverschrijdende) alliantie de financiële huishouding van individuele managers en medewerkers in de war begint te schoppen, zijn de rapen gaar. Er was bij de hier behandelde cases regelmatig sprake van een forse mate van asymmetrie in arbeidsvoorwaarden. De medewerkers van de KLM hadden bijvoorbeeld aanmerkelijk betere arbeidsvoorwaarden dan die van Alitalia. Alleen al het cabinepersoneel van Alitalia kreeg 20 tot 40 procent minder salaris dan de Nederlandse collega's. De British Airways/KLM-case kende een overeenkomstige problematiek. Het vliegend personeel van de KLM - met name de vliegers/gezagvoerders - had een veel hoger inkomen dan het vliegend personeel van British Airways. Ook in dit geval ging het om tientallen procenten - op jaarbasis wel te verstaan.

Een dergelijk verschil in honorering komt de stabiliteit van de onderhandelingen bepaald niet ten goede. De onderhandelaars hebben immers verschillende gezamenlijke (alliantie) en individuele belangen. Het verenigen van vooral individuele belangen is bepaald geen sinecure. Daardoor staan vele alliantiebesprekingen van meet af aan onder enorme druk (ook de vakbonden van de betrokken partijen staan op scherp). Wat betreft de Alitalia/KLM- en British Airways/KLM-case stond men voor het volgende dilemma: gaan de KLM'ers minder verdienen en dat met slechtere secundaire arbeidsvoorwaarden of worden de salarissen van de Italianen respectievelijk Britten opgetrokken tot het niveau van de Nederlandse collegae? Ga er maar aan staan.

Het succesvol voeren van alliantie-onderhandelingen is en blijft vooral een kwestie van uiterst behendig koorddansen: kom alleen goed voorbereid en weloverwogen in beweging als het (echt) noodzakelijk is. *Last but sure not least*: niet alleen voor de beginners geldt 'oefening baart kunst'! Het 'management van allianties' (de 'pré-alliantiefase' plus de 'alliantiedeal' plus de 'post-alliantiefase') blijkt in de praktijk één grote bananenschil te zijn. Blijf dan maar eens overeind.

Noten

[1] G. Hofstede, "Culture's Consequences", Sage, London, 1980.

[2] NRC Handelsblad, "Leo van Wijk vreest Alitalia-cultuur niet", 20 december 1997.

[3] Zie voor een nadere uitleg van deze politieke wetmatigheden: P.K. Jagersma. "De Fokker-Dasa-deal. De verkwanseling van de nationale vliegtuigindustrie", Veen, Amsterdam, 1994.

DE AUTEUR

Prof. dr. Pieter Klaas Jagersma is ondernemer/investeerder, hoogleraar bedrijfskunde en auteur van diverse boeken en artikelen die in binnen- en buitenlandse media zijn verschenen. Hij was oprichter-hoofdredacteur van het vakblad Internationaal Ondernemen (Samsom Bedrijfsinformatie). Hij was eveneens mede-oprichter en co-hoofdredacteur van Consultancy Monitor (later Management Consultant - een vakblad van Kluwer).

www.ingramcontent.com/pod-product-compliance
Lightning Source LLC
Chambersburg PA
CBHW060034210326
41520CB00009B/1120